Heartfulness

Inspiread is een imprint van BBNC uitgevers bv

Oorspronkelijke titel: *Living from the Heart*
Original English language edition published by CreateSpace.
Copyright © 2008 by Daniel Erway (aka Nirmala).
All rights reserved.

Copyright © Nederlandse vertaling 2012,
BBNC uitgevers bv, Amersfoort
Vertaling: Studio Imago, Amersfoort
Ontwerp omslag: Million Dollar Design, Amsterdam
Zetwerk: Studio Imago, Amersfoort
Druk- en bindwerk: Wilco, Amersfoort

ISBN 978 90 453 1312 2

www.inspiread.nl

Nirmala

Heartfulness

Amersfoort, 2012

Inleiding 7

Deel I Heartfulness. De verschuiving van geest naar zijn 11
1 We zijn allemaal eendenkuikens 13
2 Een andere manier om je wereld waar te nemen 27
3 Hoe zit het met de echte wereld? 39
4 Het valt niet altijd mee 49
5 Heartfulness in het dagelijks leven 57
6 Wat gebeurt hier? 81

Deel II De wijsheid van het hart 87
De wijsheid van het hart – Wat is de waarheid? – De capaciteit van het hart om je de waarheid te tonen – Het hart is snel – De rol van oordelen – Positieve oordelen – Alle waarheid is relatief – Je volmaakte wijsheid – De wijsheid van je hart toepassen – De vele maten van waarheid – De diepere stromen van denken – De gedachte dat je je lichaam bent – Het ik-besef – Er is alleen liefde – Ware vrijheid – Wie ben je?

Deel III Liefde is om te geven, niet om te ontvangen 127
Liefde is om te geven, niet om te ontvangen – Jij bent de bron – Slechts één zijn – Je liefde kan niet opraken – Liefhebben met de zintuigen – Liefhebben voorbij de zintuigen – Liefde openbaart innerlijke schoonheid – Voorbij de ervaring van liefde

Over de schrijver 155

Inleiding

Al eeuwenlang wijzen spirituele leringen ons het hart aan als de bron van wijsheid, waarheid, vrede en liefde. We spreken van het hart omdat we deze diepere werkelijkheden het sterkst ervaren in de streek van ons lichamelijke of fysieke hart. Het spirituele hart is echter allesbehalve op één specifieke plaats in ons lichaam gelokaliseerd. Het hart is de totaliteit van onze verbinding met de essentiële kwaliteiten en grotere dimensies van onze ware aard als onbegrensd zijn. Elke uitputtende verkenning van de grotere waarheid van ons zijn moet noodzakelijkerwijs ook de capaciteiten en kwaliteiten van dit tedere, liefdevolle en wijze aspect van onze ware aard omvatten.

Dit boek bevat drie met elkaar samenhangende teksten die het concept 'leven vanuit je spirituele hart' nader belichten. Het eerste deel, 'Vanuit je hart. De verschuiving van geest naar zijn', reikt eenvoudige manieren aan om met je gewaarzijn het hart binnen te gaan. Al doende verschuif je naar een meer open, toelatend perspectief en ervaar je voller de wereld en je ware aard als gewaarzijnde ruimte. Beschreven wordt hoe je met je gewaarzijn naar je buik afzakt en uiteindelijk binnengaat in het grotere spirituele hart, dat geest, hart en buik omvat. Deze eenvoudige perspectiefverschuivingen kunnen je ervaring van het leven en de uitdagingen daarvan diepgaand veranderen. Je zult merken dat het niet uitmaakt wat je ervaart: wat uitmaakt, is vanwaar je het ervaart.

In het tweede deel, 'De wijsheid van het hart', staat het hart centraal als wijze en accurate gids naar de waarheid. De waarheid is wat het ook is dat je hart opent en je geest laat verstillen. Deze eenvoudige definitie omzeilt alle verwarrende ideeën en overtuigingen en verbindt je rechtstreeks met de directe bron van wijsheid en leiding die in je eigen hart beschikbaar is.

In 'Liefde is er om te geven, niet om te ontvangen', het derde deel, gaan we nader in op de ware bron van liefde in je eigen hart. De essentie van liefde is de ruimtelijke, open aandacht van ons gewaarzijn. Gewaarzijn is de zachtste, vriendelijkste en intiemste kracht in de wereld. Het raakt alles aan, maar schrijft niets voor en stelt geen eisen. Verrassend genoeg ervaar je dit gewaarzijn, of deze liefde, het volst wanneer je het aan anderen schenkt – niet wanneer je het van anderen krijgt of het bij hen haalt. Hoe meer liefde je schenkt, hoe meer liefde je ervaart. Door vrijuit en genereus liefde te schenken, worden we zelf vervuld van liefde.

Door heel het boek schemert achter de ervaring van het hart en de wijsheid, vrede en liefde daarvan de mogelijkheid dat je deze essentiële kwaliteiten begint te herkennen als wie en wat je bent. Het hart met al zijn vreugde, tevredenheid, vrede, liefde en wijsheid is niet slechts iets wat je voller kunt ervaren: het is wat je altijd al geweest bent en wat je altijd zult zijn. Door je ervan bewust te worden dat deze volheid van zijn je ware aard is, kun je uiteindelijk al het zoeken en streven laten rusten en simpelweg zijn wie je bent.

Deel 1

HEARTFULNESS
DE VERSCHUIVING VAN GEEST NAAR ZIJN

I

We zijn allemaal eendenkuikens

Misschien heb je het idee dat het belangrijk is wat er gebeurt. Maar wat als nu alleen van belang is vanwaaruit je ervaart, vanwaaruit je kijkt? Hoe zou het zijn om heel het leven te ervaren vanuit een wijd, open perspectief? Een perspectief waarin alles kan gebeuren en waarin ruimte is voor alles, waarin het niet nodig is om te kiezen en te selecteren, om barrières op te werpen of je tegen wat ook te verzetten, waarin niets een probleem vormt en alles gewoon bijdraagt aan de rijkdom van het leven. Stel je voor hoe het zou zijn als dit open, ruimtelijke perspectief ook nog eens het natuurlijkste en gemakkelijkste is om te doen...

Klinkt dat te mooi om waar te zijn? Maar het is wel degelijk waar. We bezitten allemaal een natuurlijk vermogen om het leven op deze manier te ervaren. Het enige vereiste is dat we vanuit ons hart kijken. En dat niet alleen figuurlijk. Het wordt waar zodra we letterlijk vanuit het subtiele energiecentrum in het midden van onze borst om ons heen kijken in plaats van met onze ogen en vanuit ons hoofd. En niet alleen om vanuit ons hart te kijken, maar ook te luisteren, te voelen en waar te nemen.

Sommige spirituele tradities moedigen ons aan om in het hart te kijken. Maar wat wordt daarmee eigenlijk precies bedoeld? Vaak zijn we het zo gewend om via het hoofd en de geest te kijken en waar te nemen dat we op een vraag om in ons hart te kijken, we via ons hoofd in het hart kijken om te zien wat daar is. Gewoonlijk draait het erop uit dat we slechts nadenken over het hart. Maar hoe zou het zijn als je je hart kon binnengaan om werkelijk van daaruit te kijken? Hoe zou je leven er op dit moment dan uitzien? Zou het kunnen zijn dat zich pal voor je neus een andere wereld ontvouwt, die je alleen met je hart kunt zien en niet met je geest?

De navolgende tekst nodigt je uit om dit radicaal andere perspectief te verkennen en te ontdekken wat waar en werkelijk is als je naar de wereld en je leven kijkt vanuit het hart van je zijn – vanuit heartfulness. Je zou zowel verrukt als geschokt kunnen zijn zodra je ontdekt dat er zoveel rijkdom, wonderen en schoonheid zo dichtbij wachten en zo direct beschikbaar zijn. Maar geloof me niet op mijn woord. Kijk voor jezelf of het ook jóuw ervaring is dat je door deze eenvoudige maar diepgaande verschuiving in gewaarzijn komt tot een completere kijk op je leven, je wereld en uiteindelijk je ware aard als die dimensie van openheid, wonderbaarlijkheid en schoonheid.

Nog iets anders: sommige mensen zijn visueler ingesteld, anderen auditiever en weer anderen staan nauwer in contact met hun gevoelens of lichamelijke gewaarwordingen. In de oefeningen hieronder worden een of twee van deze modi aangesproken. Vertaal de oefeningen naar de modus die je het natuurlijkst afgaat en doe ze vanuit die invalshoek. Misschien vind je het bijvoorbeeld makkelijker om met je hoofd of hart te luisteren dan vanuit een van die twee te kijken. Experimenteer echter ook gerust met de andere zintuigen.

Je aard als gewaarzijn

Wie of wat ben je werkelijk – nu op dit moment, terwijl je dit leest? Ben je lichaam, geest en persoonlijkheid? Of ben je het ruimtelijk gewaarzijn of de gewaar zijnde ruimte waarin deze verschijnen? Je bent deze ruimte. Het is een wonderbaarlijke ruimte, die leeft en gewaar is. Je zou kunnen zeggen dat je hieruit bestaat: je bent gewaar zijnde ruimte.

Oefening: *Probeer eens waar te nemen achter je ogen. Richt je aandacht op de ruimte achter je ogen. Wat neem je daar waar? Beantwoord puur vanuit wat je op dit moment ervaart de vraag: wat tref je aan in de ruimte achter je ogen? Bezit deze ruimte een capaciteit om gewaarwordingen te ervaren? Is de ruimte achter je ogen gewaar? Je hoeft je op dit moment verder niet druk te maken over hoe het precies zit met dit gewaarzijn of wat je gewaar bent. Ga alleen na of je op dit ogenblik wel of niet iets gewaar bent, het maakt niet uit wat. Laat alle ideeën los over hoe gewaarzijn zou moeten verlopen of wat er zou moeten gebeuren als je gewaar bent. Dan ben je vrij om voor jezelf dit eenvoudige wonder van gewaarzijn achter je ogen te ervaren en te verkennen.*

Die gewaar zijnde ruimte is je echte ik. Deze ruimte is waaruit je bestaat, wat je existentie in het hier en nu bepaalt. En meer nog: alles wat er echt toe doet in het leven, bevindt zich in deze gewaar zijnde ruimte. Hier zetelen liefde en vrede, vreugde en compassie, wijsheid, kracht en gevoel van eigenwaarde. Dit zijn kwaliteiten van je ware aard als gewaar zijnde ruimte. Dit zijn kwaliteiten van je echte ik. Alles wat je ooit nodig zou kunnen

hebben, inclusief alles wat je dient te weten, is aanwezig in die ruimtelijke presentie achter je ogen.
Ik nodig je uit om in dit ruimtelijke gewaarzijn zomaar eens wat te spelen. Als je de aard van water wilt kennen, is het nuttig om erin te spelen wanneer je de kans krijgt. Hier geldt hetzelfde. Als je deze gewaar zijnde aanwezigheid die je bent, wilt kennen, is het geweldig leerzaam om al rondspetterend de ruimte van gewaarzijn te verkennen. Nog een opsteker: voor onze verkenning maakt het totaal niet uit wat je gewaar bent. Het maakt niet uit wat je ervaart. Het maakt niet uit of je gelukkig of verdrietig bent, gezond of ziek, rijk of arm, verlicht of gekweld, verruimd of vernauwd. Dat laat onverlet dat er maar één plaats is waar je in je gewaarzijn kunt spelen – namelijk daar waar je gewaarzijn zich nu op dit moment bevindt. Voor het verkennen van je gewaarzijn is het dus onontbeerlijk dat je in contact staat met wat er nu, op dit moment, gebeurt... en nu... en nu. Want hier en nu is je gewaarzijn te vinden.

Hoe gewaarzijn ons wordt ingeprent

Je ware aard gestalte geven als gewaarzijn zou ongelooflijk eenvoudig zijn, als dit gewaarzijn dat je bent, niet gevormd kon worden. Net zoals water de vorm aanneemt van de houder waarin je het giet, wordt het gewaarzijn dat je bent, gevormd door je gedachten, gevoelens, verlangens, hoop en dromen, zorgen, gewaarwordingen en ervaringen. Het wordt gemodelleerd door alles wat er gebeurt. Soms is deze vorming zo sterk dat het lijkt of je gewaarzijn piepklein is geworden en jij piepklein bent geworden. Dat is niet echt een probleem, omdat het gewaarzijn als zodanig ongeschonden blijft en het altijd weer kan uitbreiden.

Dit gewaarzijn wordt niet alleen tijdelijk gemodelleerd door wat we ervaren. Het kan ook op een ervaring of een object in ons gewaarzijn worden ingeprent. Misschien heb je weleens gehoord hoe eendenkuikens worden ingeprent in hun allereerste levensuren: ze zullen wie of wat ze ook maar als eerste waarnemen achternalopen. Uiteraard is dat gewoonlijk de moedereend. Maar ze kunnen ingeprent worden op van alles en nog wat, inbegrepen een wetenschapper die ze bestudeert – in dat geval zullen ze overal achter hem aan drentelen.

Daarmee is niets mis: door hun moeder achterna te lopen kunnen eendenkuikens overleven in het wild. Inherent aan de capaciteit tot alle gewaarzijn is dat het op deze manier kan worden ingeprent of geconditioneerd. Elke keer als een ervaring een blijvende indruk in je gewaarzijn achterlaat, ben je door die ervaring ingeprent of geconditioneerd.

Nu ligt dit inprenten bij de mens gecompliceerder dan bij eenden. We kunnen op talloze verschillende dingen worden ingeprent. Een van de dingen waarmee dat op grote schaal gebeurt, is het lichaam. Je bent zo sterk op je lichaam ingeprent dat je gewaarzijn het grootste deel van de tijd je lichaam volgt waar het maar gaat – net zoals een eendenkuiken zijn moeder achternaloopt. Ga maar eens voor jezelf na: sta op en loop een andere kamer in. Blijft je gewaarzijn in de kamer die je net achter je gelaten hebt of volgt het je lichaam de andere kamer in? Met betrekking tot ons lichaam zijn we allemaal eendenkuikens.

Iets anders waarop je diepgaand bent ingeprent, is je eigen geest, of gedachten. (In het vervolg wordt met 'gedachten' verwezen naar het totale spectrum van innerlijke ervaringen: gedachten, overtuigingen, gevoelens, verlangens, hoop, fantasieën enzovoort.) Wanneer er een gedachte, angst of verlangen opkomt, richt je gewaarzijn zich zodoende daarop. Ga maar na: als je de ene gedachte beëindigt en aan een andere begint, blijft je gewaarzijn dan bij je oorspronkelijke gedachte? Of volgt het je gedachten waar deze ook gaan? Gaat het niet net zoals bij een eendenkuiken dat zijn mama volgt over de plas, de oever op en een kreek in?

Je bent ingeprent op je fysieke lichaam en je geest. Dat is niet slecht. Net als bij eendenkuikens zitten er voordelen aan voor je overleving. Maar zo werkt het niet altijd: net zoals een eendenkuiken trouw achter zijn moeder zomaar een drukke snelweg op zal lopen, zal je gewaarzijn je gedachten volgen naar allerhande dwaze en soms gevaarlijke plaatsen.

Omdat je met dit ingeprent volgen bijna altijd je lichaam en je geest gewaar bent, trek je de foutieve conclusie dat je je lichaam en je geest bént. Je beseft niet dat wat je bent het lege, ruimtelijke gewaarzijn is waarin je lichaam en je geest verschijnen. Omdat ze er bijna altijd zijn, veronderstel je: ik ben mijn lichaam en mijn geest.

Dit is een eenvoudige en volstrekt begrijpelijke fout. Helaas is het ook een kolossale fout en de bron van al je leed. Het is alsof er al zo lang een vlieg op je neus zit dat je besluit dat je die vlieg bent. Stel je eens voor hoe verward je je zou voelen en gedragen als je geloofde een vlieg te zijn. Je zou de hele dag rottend voedsel eten en met andere vliegen proberen te paren!

Zo maak je ook een grote fout als je concludeert dat je je lichaam en je geest bent. Daarmee is niet gezegd dat er ook maar iets mis is met lichaam of geest. Ze zijn alleen niet echt wie je bent. Alle problemen die je ervaart, zijn louter problemen voor het lichaam en de geest. Het ruimtelijk gewaarzijn ondervindt geen problemen. Hoe zou ruimte immers een probleem kunnen hebben? Ruimte kan op geen enkele manier aangetast of verkleind worden. Je kunt een bom laten ontploffen in de ruimte, maar na het neerslaan van het stof zal de ruimte compleet ongehavend blijken.

Deze foutieve identificatie met lichaam en geest ligt ten grondslag aan al je leed. Als je lichaam en geest iets ervaren wat je als een probleem beschouwt, terwijl je tegelijkertijd beseft dat je niet je lichaam of geest bent, lijd je dan onder die problemen? Word je nu op dit moment ondraaglijk gekweld door problemen van iemand die je nooit ontmoet hebt? Waarschijnlijk niet, want het zijn jouw problemen niet. Wat dus als geen van je problemen werkelijk jóuw problemen zijn? Wat als het ruimtelijk gewaarzijn dat je werkelijk bent geen problemen kán hebben?

Oefening: *Sta even stil bij iets wat je ervaart en wat een probleem lijkt. Verander niets aan je ervaring, zelfs niet aan je kennis en begrip van het probleem. Ga dus zonder er iets aan te veranderen, na of de ruimte waarin de gedachten of omstandigheden van het probleem zich voltrekken, in enig opzicht moeite heeft met die gedachten en omstandigheden. Ondervindt de ruimte waarin de moeilijkheid zich voordoet een probleem? Kan ruimte zelf ooit een probleem hebben? Als je je, al is het slechts een tel, vereenzelvigt met de ruimte waarin zowel jij als* *het probleem zich bevindt, heb je dan een probleem? Kun jij als de ruimte ooit een probleem hebben?*

Het besef dat jij zelf de gewaar zijnde ruimte bent, betekent een radicale verschuiving ten opzichte van je gewoonlijke identiteit of zelfervaring. Er kan enige tijd overheen gaan voordat je werkelijk gelooft of, belangrijker, consistent ervaart dat je identiteit gewaar zijnde ruimte is. We zijn diep geconditioneerd met of ingeprent op onze gebruikelijke identificatie met ons lichaam en onze geest. Mogelijk ontdek je dat je er diep en blijvend van overtuigd bent dat je werkelijk je lichaam en je innerlijk leven van gedachten en gevoelens bent. Onze diepste overtuigingen geven we nu eenmaal niet gemakkelijk op.

Houd terwijl je dit leest de mogelijkheid open dat je het fout hebt. Probeer de mogelijkheid uit dat je werkelijk de ruimte bent en kijk zelf of dit beter strookt met de bewijzen van je ervaring. Als het je lukt om, al is het maar tijdelijk, de overtuiging van je af te zetten dat je je fysieke lichaam en de stroom van je mentale activiteit bent, zal je beter in staat zijn om uit en voor jezelf de hier bedoelde waarheid te beseffen.

Hoe het is om vanuit het hoofd te kijken

Toen je opgroeide leerde en conditioneerde iedereen je om de ervaring van je lichaam en geest te volgen. Daarmee verhuisde je identiteit naar je lichaam en geest. Omdat je ogen, oren, neus, smaakpapillen en hersenen allemaal in je hoofd gelokaliseerd zijn, hebben je gewaarzijn en identiteit zich daar ook genesteld. Met je hoofd als zetel van je gewaarzijn (mindfulness) is dat nu de plaats vanwaaruit je kijkt, voelt en waarneemt.

Je gewaarzijn stroomt nu door je hoofd en wordt zodoende gemodelleerd door je gedachten. Dat zou niets uitmaken als je slechts af en toe een gedachte had, maar bij de meesten van ons draait de geest op volle toeren. Als gevolg daarvan wordt het gewaarzijn diepgaand gevormd en beperkt door zijn neiging om door het hoofd te stromen. Elke gedachte die opkomt, hoe klein ook, neemt je gewaarzijn mee op een vlucht door innerlijke landschappen van twijfel, zorgen, hoop en speculatie. Dit is de kern van mindfulness.

Het grootste deel van de tijd corresponderen deze innerlijke landschappen slechts minimaal met wat er werkelijk gebeurt. Vaak staan ze zelfs totaal los van de werkelijkheid. Heb je ooit gedacht dat iemand kwaad op je was – terwijl hij of zij later alleen maar buikpijn bleek te hebben? Maar waarom schenken we dan zoveel aandacht aan onze gedachten? Omdat ze eens in de zoveel tijd kloppen. Nu en dan strookt een gedachte inderdaad met iets daarbuiten. Zoals elke student psychologie weet, heeft een beloning met tussenpozen en af en toe succes meer effect dan doorlopende beloningen en successen.

Maar goed: je gewaarzijn stroomt dus door je hoofd en door je gedachten. Wat gebeurt er met het gewaarzijn wanneer het door gedachten stroomt? Wat voor effect hebben je gedachten op je gewaarzijn zelf?

Denken zelf is een minuscuul verschijnsel. Al je gedachten passen tussen je oren, dus hoe groot zouden ze nu helemaal kunnen zijn? Wanneer gewaarzijn door gedachten stroomt, wordt het dus heel klein. Als gevolg daarvan wordt je zelfervaring klein, omdat je fundamenteel je gewaarzijn bent. Oftewel: wanneer gewaarzijn zich aan een gedachte hecht, neemt het de omvang en vorm van die ervaring aan.

Aan de andere kant vergroot gewaarzijn iets als het zich daarop focust. Probeer het maar eens uit: neem een voorwerp in je handen en concentreer je er volledig op. Komt het voorwerp je als groter of kleiner voor wanneer je je erop focust? Het zal waarschijnlijk groter lijken. Wanneer je je nu uit gewoonte concentreert op je gedachten, vergroot dat de betekenis of inhoud ervan, ook al zijn je gewaarzijn en je zelfervaring vernauwd. Wanneer je gewaarzijn zo constant door je hoofd en je gedachten stroomt, verengt en beperkt dat je gewaarzijn chronisch.

Dat is niet slecht en soms zelfs van waarde om te kunnen overleven, maar het is ook beperkend en eng. Met een vernauwd en beperkt gewaarzijn mis je een heleboel van wat er gebeurt. Een groot deel van de werkelijkheid merk je doodgewoon niet op, want bij een verengd gewaarzijn is het niet-gewaarzijn verruimd.

Oefening: *Leg je handen rond je ogen, als een paar oogkleppen. Wordt je gewaarzijn van de kamer waarin je je bevindt groter of kleiner? De kamer wordt niet kleiner, maar je gewaarzijn ervan slinkt – je ziet minder van de kamer. Observeer nu: wordt het deel van de kamer dat je niet ziet groter of kleiner? Wat je niet ziet, wordt vanzelfsprekend groter als je minder ziet.*

Het netto-effect van de inprenting op je lichaam en met name op je hoofd en gedachten is dat je ernaar neigt vanuit je hoofd te kijken: je leeft in je hoofd en kijkt van daaruit. Je ziet, ruikt, hoort, voelt, neemt waar en denkt over het leven vanuit je hoofd. Dat betekent dat wat je ziet, ruikt, hoort, waarneemt en overdenkt, wordt ingeperkt en gefilterd door je gedachten. Je gedachten bemiddelen tussen jou en de werkelijkheid en verhinderen dat je de laatste helemaal volledig en zuiver ziet. Ze kleuren de werkelijkheid, veranderen deze en laten slechts een deel ervan toe. In zekere zin leef je in een droom. Puur en alleen omdat je vanuit je hoofd en je gedachten kijkt.

Dit is zo gewoon dat je niet eens merkt dat je gewaarzijn op deze manier gemodelleerd wordt. Je raakt eraan gewend. Net zoals je veronderstelt dat je lichaam en geest moeten uitmaken wat je bent, omdat ze altijd aanwezig zijn, veronderstel je ook dat de wereld die je met je geest ziet, de echte wereld is. Je neemt aan dat dingen werkelijk zijn zoals je geest ze waarneemt.

Het kan moeilijk zijn om de effecten van deze inprenting te herkennen. Anderzijds ben je misschien in staat om in te zien hoe smal of eng je perspectief is. Vanwege het vergrotende effect van dit versmalde perspectief kan de inhoud van je gedachten reusachtig en zelfs overweldigend lijken. Zo kan het gebeuren dat je van een mug een olifant maakt. Kijk nu eens even of je de vórm van je gewaarzijn direct kunt waarnemen – niet de inhoud van je gedachten, maar de stroom van gewaarzijn zelf.

Oefening: *Op dit moment stroomt je gewaarzijn. Observeer alleen: ben je iets gewaar, wat dan ook? Wat het is, maakt voor deze oefening niet uit; een opkomende gedachte is even goed als* *de woorden op deze bladzijde. Goed, je bent op dit moment iets gewaar – waar vandaan stroomt dit gewaarzijn? Kun je zien of voelen waar dit gewaarzijn vandaan komt? Komt het vanuit je grote teen, van het plafond, of lijkt het vanuit je hoofd te komen?*

Wat voor kwaliteit heeft dit gewaarzijn op dit moment? Is het verruimd en open en stroomt het vrij, of is het meer gefocust en enger? Bedenk dat er in dit opzicht geen goed of fout is en dat gewaarzijn onafgebroken op subtiele wijze wisselt – het vernauwt of verruimt zich. Hoe is je gewaarzijn op dit moment, dus niet de inhoud van wat je ervaart, maar de ervaring zelf? Het kan het normale gewaarzijn zijn, dat gevormd wordt doordat het door je hoofd stroomt. Het maakt niet uit: merk eenvoudig op hoe het is.

Gewaarzijn dat gevormd wordt doordat het door het hoofd en de gedachten stroomt, is smal en ingeperkt. Net zoals het ons moeite kost om een spier gespannen te houden, vergt het inspanning om het gewaarzijn zo geconcentreerd te houden. Vaak is het niet bijster bevredigend, alsof je door een heel dun rietje probeert te drinken. Je krijgt van wat er gebeurt nooit genoeg binnen en van nature doe je vervolgens nog harder je best: je denkt nog intenser en doet nog meer je best te begrijpen wat er aan de hand is. Wat je zicht alleen maar nog meer verengt.

Gewaarzijn dat door je geest stroomt, schept een onderliggend gevoel van onvolledigheid. Zelfs als je iets heerlijks ervaart, heb je ergens het gevoel dat je het niet allemaal in je op kunt nemen. Met als gevolg dat je je er misschien aan wilt vastklampen of het op de een of andere manier probeert te 'vangen' (zoals op een foto of video), zodat je later meer uit de ervaring kunt halen. Het is allemaal het gevolg van de omstandigheid dat je vanuit je hoofd kijkt. Je doet het zo gewoontegetrouw dat het heel normaal lijkt om je zo onvoldaan en incompleet te voelen.

Maar hoe zou het zijn als er een andere manier van kijken bestond? Een manier die de wereld totaal anders vormt – zo anders dat de wereld niet eens meer dezelfde wereld lijkt te zijn. Hoe zou het zijn om te kijken en leven vanuit... je hart?

2

Een andere manier om je wereld waar te nemen

De flexibiliteit van perspectief

Uit gewoonte neig je ernaar om vanuit je hoofd naar de wereld te kijken. Toch is het feitelijk heel eenvoudig om het punt waar je perspectief zijn oorsprong vindt, te verschuiven. Er is wel geopperd dat dyslectici een ongewoon flexibel perspectief hebben. Hun perspectief zou zo vrij bewegen dat ze in zekere zin woorden op een bladzijde zowel van voor naar achteren kunnen zien als andersom. Daardoor kunnen ze letters in hun gebruikelijke volgorde zien en ook vanaf de andere kant, waardoor ze achterstevoren lijken te staan. Dyslectici hebben er baat bij als ze hun perspectief – het punt vanwaaruit ze kijken – leren stabiliseren of fixeren.

Voor anderen kan het juist een bevrijding zijn om met hun perspectief te schuiven. In veel van de therapeutische interventies van neurolinguïstisch programmeren wordt de cliënt gevraagd om van buitenaf naar zichzelf te kijken. Dit geeft een uniek en vaak nuttig perspectief op wat er aan de hand is.

Door je perspectief simpelweg omlaag naar je hart te verschuiven, dus niet naar buiten je lichaam, kun je de modellering van je gewaarzijn diepgaand wijzigen.

De verschuiving naar het hart

Het centrum van onze borst dat direct naast ons fysieke hart ligt, wordt dikwijls als het spirituele centrum van ons zijn beschouwd. Eeuwenlang dacht men dat ons denken zich in ons hart voltrok, niet in onze hersenen. Hoe zou het zijn om de wereld vanuit dit energetische centrum te ervaren in plaats van vanuit het hoofd? Wat voor effect zou dat hebben op je ervaring van de wereld en van jezelf?

Oefening: *Probeer deze oefening eerst met je ogen dicht en daarna open. Observeer wat je gewaar bent op dit moment: de geluiden, een gedachte, de voorwerpen om je heen. Merk op of je kijkt of luistert of waarneemt vanuit je hoofd, en merk op hoe dit is. Laat nu langzaam je waarneming omlaag zakken, tot in je hart. Het gaat er hier niet om dat je je hart voelt of voelt wat er zich in je hart bevindt. Het gaat er louter om dat je je omgeving voelt vanuit het centrum van je borst. In het begin kan het helpen als je je hand op het midden van je borst, naast je hart, legt. Zo stuur je jezelf om vanuit deze plaats te kijken. Laat het toe dat wat je ziet, gezien wordt door je hart in plaats van door je hoofd. Hoe is het om waar te nemen, te luisteren en te kijken vanuit je hart? Kies een voorwerp uit en neem het waar met je hart in plaats van met je hoofd. Wat ervaar je?*

De eerste sleutel naar heartfulness is om je gewaarzijn vanuit je hart te laten stromen. Met name in het begin is het niet belangrijk om het hart zelf waar te nemen. Het is eenvoudiger om je erin te oefenen om een doodgewoon voorwerp, bijvoorbeeld een meubelstuk, simpelweg waar te nemen vanúit je hart. Belangrijk is hierbij, waar je gewaarzijn gelokaliseerd lijkt te zijn. Als gevolg van de sterk ingeprente neiging om vanuit je hoofd en via je gedachten te kijken, stel je in het begin mogelijk vast dat je ín je hart kijkt. Of misschien merk je op dat je nádenkt over hoe het zou zijn om vanuit je hart te kijken. Als je je slechts voorstelt hoe dat zou zijn, wordt je gewaarzijn nog steeds gemodelleerd door je gedachten – in dit geval door een gedachte over deze nieuwe manier van kijken.

Kijk of het je lukt, al is het maar voor een fractie van een seconde, dit zien of gewaar zijn vanuit je hart. Hoe is dat, ook al is het nog zo kort? Opent je gewaarzijn zich en breidt het zich uit? Neem je dingen op een andere manier waar? De meeste mensen ervaren dat hun gewaarzijn zachter, ruimer en opener wordt. Dit is eenvoudig de manier waarop gewaarzijn stroomt wanneer het niet zo versmald wordt door de geest. Net zoals een spier van nature uitzet wanneer je hem niet samentrekt, verruimt je gewaarzijn zich wanneer het niet gemodelleerd en verengd wordt door je gedachten.

Oefening: *Speel even met deze nieuwe manier van waarnemen en kijken. Hoe zien de voorwerpen om je heen eruit of hoe voelen ze, wanneer je ernaar kijkt vanuit je hart? Hoe ervaar je andere mensen met je hart? Hoe klinken geluiden of muziek wanneer je ernaar luistert vanuit je hart? En hoe zit het met je gedachten? Ze kunnen nog steeds opkomen zoals gebruikelijk, maar wat gebeurt ermee als je ernaar luistert en kijkt vanuit je hart? Komen ze je voor als belangrijk, of zijn ze slechts voorbijgaande woorden en beelden in een grote open ruimte? Kijk hoe de wereld eruitziet en voelt vanuit deze plek. Het is een andere* *wereld. Verken deze nieuwe wereld. Ontdek hoe je alledaagse ervaringen zijn wanneer je ze vanuit je hart gewaar bent.*

Zoals gezegd kan het helpen om in het begin je ogen te sluiten terwijl je vanuit je hart waarneemt. Omdat je ogen in je hoofd gelokaliseerd zijn, is het mogelijk dat je gewaarzijn zich bij het kijken ook in je hoofd nestelt (mindfulness) in plaats van in je hart (heartfulness). Het kan daarom makkelijker zijn om voorwerpen en mensen met je hart eenvoudig gewáár te zijn met je ogen dicht totdat je het kíjken vanuit je hart redelijk onder de knie hebt. Breid het gaandeweg langzaam uit met luisteren en, tot slot, kijken met je ogen geopend.

Blijf opletten of je gewaarzijn nog steeds vanuit je hart stroomt of dat het weer terug is verschoven naar je hoofd. Dat laatste is niet erg – je gewaarzijn ondervindt er geen schade van. Merk anderzijds op hoe het is wanneer je gewaarzijn inderdaad terugschuift naar het gebruikelijkere 'hoofdperspectief'. Blijft het open en verruimd, of versmalt het en focust het zich, alsof je door een vergrootglas of microscoop kijkt? Verschuif, als dat nodig is, je perspectief rustig weer terug naar je hart en merk op wat er daardoor verandert. Opent en ontspant je gewaarzijn zich weer?

Aanvankelijk kan er zoveel aandrang bestaan om vanuit je hoofd te kijken dat je telkens hooguit een paar seconden in staat bent om vanuit je hart waar te nemen of te kijken. Dat is prima. Merk elke keer wanneer je gewaarzijn in je hart rust, gewoon alles op wat je kunt over de kwaliteit ervan. Mettertijd zul je vanzelf steeds langer kunnen luisteren, kijken of gewaar zijn vanuit je hart. Op een gegeven moment merk je misschien dat je naar een compleet liedje kunt luisteren vanuit je hart of vanuit deze plaats naar een zonsondergang kunt kijken. Hoe zou het zijn om vanuit je hart kijkend en luisterend televisie te kijken, de afwas te doen, te telefoneren? Of misschien denk je wel na over je leven of maak je plannen voor het weekend – hoe zou het zijn om deze gedachten voor de verandering eens vanuit je hart op te merken?

Je gewaarzijn kan vanuit meer dan één plaats tegelijk stromen. Soms stroomt het voor het grootste deel vanuit je hoofd, andere keren merendeels vanuit je hart. Als je gewaarzijn deels vanuit je hoofd stroomt en deels vanuit je hart, zal de kwaliteit ervan daar ergens tussen zitten. Het kan opener zijn dan gewoonlijk, maar nog altijd een mate van focus en gerichtheid bezitten.

De kwaliteiten van het heartfulnessperspectief

Hoe weet je dat je gewaarzijn minstens voor een deel vanuit je hart stroomt en dat je heartful leeft? Enkele indicatoren zijn: je gewaarzijn is verruimd en opener; de grenzen tussen je gewaarzijn en de voorwerpen die je gewaar bent, lijken minder substantieel; je voelt je sterker één en verbonden met wat je ook gewaar bent; je maakt je minder druk over gedachten of merkt ze niet eens op. Iets minuscuuls zien we makkelijk over het hoofd – en dat zijn gedachten eigenlijk: minuscule werkelijkheden.

Het grootste deel van de tijd ervaar je gedachten vanuit je hoofd. Het is alsof je bijna met je neus tegen het beeldscherm van je televisie gedrukt zit. De inhoud van je gedachten ligt recht voor je gewaarzijn. Wanneer je afdaalt naar het hart, blijven er gedachten opkomen, maar nu ervaar je ze vanuit je hart. Met deze omslag is het alsof de televisie op zolder staat te spelen in plaats van vlak voor je neus. Hierdoor verkrijg je perspectief op de inhoud van je gedachten. Wanneer je ze vanuit je hart ervaart, hebben ze niet zo heel veel om het lijf.

Wanneer gewaarzijn door het hart stroomt, omvat het ook veel meer van wat er gebeurt. De ervaring is daardoor veel bevredigender. In plaats van te proberen het leven in je op te zuigen via een eng gezichtspunt kun je als het ware baden in de inhoud van je hart. Zelfs doodgewone ervaringen krijgen er rijkdom en volheid door.

Wanneer de tegenovergestelde kwaliteiten overheersen, ben je teruggekeerd naar het perspectief van je hoofd. Als je gezichtspunt vernauwt, de grenzen sterker lijken, je je gescheiden of ontevreden voelt en gedachten ineens het hele scherm van je gewaarzijn vullen, is de kans groot dat je (als gewaarzijn) weer in je hoofd zetelt.

Oefening: *Kies iets in je omgeving uit. Neem het eerst waar met je hoofd en daarna met je hart. Waarin verschilt dit? Het contrast tussen de twee wijzen van kijken, luisteren en waarnemen stelt je in staat om de verschillen in het gewaarzijn zelf op te merken naargelang het vanuit je hoofd of hart stroomt. Blijf in deze oefening met je gewaarzijn bij hetzelfde voorwerp of geluid of dezelfde gedachte. Elk verschil zal dan rechtstreeks samenhangen met de plaats vanwaaruit je waarneemt, luistert of kijkt en niet voortvloeien uit de omstandigheid dat je iets anders in je omgeving ervaart.*

Gevoelens en emoties bij heartfulness

Hoe zit het met de emoties die kunnen opwellen in je hartstreek? Voor emoties geldt hetzelfde als voor gedachten of voorwerpen in je omgeving: waar het op aankomt, is vanwaar je ze gewaar bent. Je kunt opnieuw met je hart als centrum van gewaarzijn, vanuit heartfulness, kijken en luisteren naar alle gevoelens die in je hartstreek opkomen en die je daar voelt.

Oefening: *Merk de nu voorkomende emotie in je hartstreek op. Het maakt niet uit of deze vrij neutraal of juist heel sterk is – merk eenvoudig op van welke kwaliteit de emotie is. Wat gebeurt er als je deze vanuit je hart zelf ervaart? Verleent dat de emotie meer ruimte om uit te zetten en te stromen? Stelt de emotie nog wel zoveel voor? Kijken vanuit je hart maakt het mogelijk dat gewaarzijn vanuit een diepere plaats in je zijn stroomt, dieper dan je emoties en verlangens. Laat het gewaarzijn vanuit deze diepere plaats naar de zich ontvouwende ervaring van je emoties stromen.*

De inhoud van het hoofd

Hoe zit het met gedachten? Wat gebeurt er met je gedachten wanneer je ernaar kijkt of luistert vanuit je hart? Gedachten zijn niet meer dan activiteit in de geest en toch kun je deze activiteit horen, zien of voelen op bijna dezelfde manier als waarop je de stoffelijke wereld hoort, ziet en voelt. Maar deze activiteit speelt zich geheel in je geest af, en is bij lange na niet zo substantieel als zelfs maar het minuscuulste stoffelijke voorwerp. Gedachten zijn inderdaad niemendallen.

Heb je ooit je zicht op de maan afgedekt met alleen je duim? Doordat je duim zo dichtbij is, kan hij het zicht op een veel groter object dat ver weg is blokkeren. Wanneer je vanuit je hoofd kijkt of luistert, zijn je gedachten eveneens vlakbij en recht voor je. Daardoor hebben ze de neiging je zicht op al het overige te blokkeren.

Stel je voor dat je de hele dag rondloopt met een televisie die recht voor je neus hangt. De kans is groot dat je niet veel meer ziet en hoort dan de beelden en geluiden op die televisie. Hetzelfde geldt als je vanuit je hoofd kijkt: je ziet merendeels je gedachten. Bovendien wordt de inhoud van je gedachten nog eens uitvergroot, doordat je gewaarzijn erg smal gefocust is wanneer het door je hoofd stroomt. Je kijkt naar de televisie van je geest door een vergrootglas. Geen wonder dat we zo in gedachten verzonken raken.

Via je hoofd en gedachten kijken resulteert in een drastisch beperkt zicht op de werkelijkheid. En de inhoud van je gedachten is vaak ook nog eens allesbehalve prettig. De geest is een heksenketel van oordelen, angsten, twijfels en zorgen. Het is afgeladen met negatieve stemmen en beelden van wat er verkeerd kan gaan. Het leven via de drukke geest ervaren is dikwijls onplezierig. Zelfs positieve gedachten hoeven niet per se te correleren met wat er werkelijk aan de hand is, en de werkelijkheid kan teleurstellend zijn wanneer deze niet met je positieve fantasieën strookt.

Het goede nieuws is dat het niet zoveel uitmaakt wat je ervaart. Wat ertoe doet, is vanwaaruit je het ervaart.

Oefening: *Observeer je gedachten zoals ze opkomen, van moment tot moment. Merk nu op vanwaar je je opkomende* *gedachten opmerkt. Als je naar je gedachten luistert en kijkt en ze gewaar bent vanuit je hoofd, hoe is dat dan? Hoe groot ogen, klinken of voelen ze? Hoe belangrijk lijken ze? Laat nu je gewaarzijn vanuit je hart naar je gedachten toestromen zonder ook maar iets aan de gedachten zelf te veranderen. Hoe is het nu? Hoe groot ogen, klinken of voelen ze daarboven in het hoofd van ver omlaag in je borst? Hoe belangrijk lijken ze nu nog?*

Doordat het zicht vanuit het hart zo ruim en open is, kan iets relatief kleins als een gedachte, overtuiging, herinnering, fantasie of idee herkend worden als klein. De inhoud van je gedachten kan wel of niet veranderen, maar de gedachten nemen niet meer zoveel van het bewustzijnsscherm in beslag wanneer het gewaarzijn veel meer incorporeert. Gedachten kunnen ervaren worden als iets betrekkelijk kleins, als een mier die langs de Grand Canyon wandelt. In verhouding tot gedachten is de wereld een reusachtige en onbegrensde plaats. Wanneer je je gedachten vanuit je hart ervaart, slinken je gedachten tot hun reële omvang.

Heb je ooit geprobeerd je denken te doen verstommen? Gewoonlijk draait het er slechts op uit dat je nadenkt over minder nadenken. Maar je kunt de impact van je gedachten op slag doen verstommen door eenvoudig je gewaarzijn van die gedachten vanuit je hart te laten stromen. Nu en dan zullen de gedachten zomaar vanzelf uit je gewaarzijn wegvallen. Wanneer je ervaring van de rest van de werkelijkheid zo vol en compleet is, merk je de gedachten niet op, ook al blijven ze opkomen. De ervaring is als het voor de eerste keer zien van de oceaan of de Grand Canyon: je geest verstomt, omdat je het zo druk hebt met het in je opnemen van de wijdheid dat je je gedachten niet meer opmerkt. Zo kunnen ook het huidige moment en de talloze dimensies daarvan een ervaring zijn die zelfs nog groter is dan de oceaan wanneer je het ervaart via je hart.

Oefening: *Laat je gewaarzijn vanuit je hart stromen naar alles wat je op dit moment ervaart. In tegenstelling tot het verstand, dat slechts over één ding tegelijk kan nadenken, kan gewaarzijn dat via het hart stroomt een oneindig aantal gewaarwordingen, gedachten, vergezichten, geluiden en subtiele energieën opnemen. Merk met je vanuit je hart stromende gewaarzijn op wat je ziet, hoort en in je lichaam voelt. Neem daar nu ook de stroom van gedachten, gevoelens en impulsen in op. Breid het uit over alle subtiele of energetische manieren van gewaarzijn waartoe je in staat bent. Incorporeer er de eenvoudige aanwezigheid van de onbegrensde ruimte en tijd in. Laat je gewaarzijn gelijktijdig naar dit alles en meer stromen. Je zult het zelf ervaren: zolang je gewaarzijn voor het grootste deel via je hart stroomt, kun je je gewaarzijn over veel meer uitstrekken dan gewoonlijk.*

Rusten in het hart

Veel spirituele tradities zien het hart als het ware centrum van ons zijn. Vanuit onze invalshoek kunnen we ook zeggen dat het hart de stroom van gewaarzijn lang niet zo erg modelleert of begrenst als het hoofd. Wanneer je gewaarzijn door je hart stroomt, kun je je zijn dus voller ervaren. Net zoals je de aard van water voller kunt ervaren door jezelf erin onder te dompelen dan door er slechts een druppel van te voelen, is je ervaring van je zijn veel opzienbarender en evidenter wanneer je gewaarzijn in je hart zetelt in plaats van in je hoofd.

Naarmate je steeds meer speelt met deze mogelijkheid van het kijken vanuit je hart, ervaar je wellicht dat het hart een vertrouwde en gerieflijke plaats wordt waar je gewaarzijn kan rusten. Terwijl gewaarzijn via het hoofd inspanning vergt vanwege de vernauwing die er dan optreedt, treden er van nature ontspanning en verruiming in wanneer datzelfde gewaarzijn door het hart stroomt. Je gewaarzijn kan zich uitstrekken, verruimen en eenvoudig alle inspanning om te focussen en dingen uit te zoeken laten rusten.

Spirituele boeken en leraren hebben het er vaak over dat we in ons hart moeten rusten. Maar als je vanuit het hoofd in het hart kijkt, valt het nog niet mee om daar te rusten. Het kan moeite lijken te kosten om die smalle focus van gewaarzijn op het hart te blijven volhouden. Zodra je echter je gewaarzijn vanuit je hart laat stromen, wordt het op slag makkelijk om ook in het hart te rusten. Het vereist geen enkele inspanning. Je huist op die momenten in je hart, en je kunt alleen goed en juist rusten waar je je op het moment zelf bevindt.

Oefening: *Laat je gewaarzijn vanuit je hart stromen. Het maakt niet echt uit wat je gewaar bent, alleen vanwaaruit je gewaar bent. Ontspan je nu daarin. Rust in de wijdte van het perspectief van je heartfulness. Op deze plaats heb je niks te doen en hoef je nergens heen. Je bent thuis.*

3

Hoe zit het met de echte wereld?

Vanuit de buik kijken

Vanuit het hart, vanuit heartfulness, kijken verrijkt de ervaring en ontsluit compleet nieuwe dimensies van het dagelijks leven. Toch bestaat er vaak weerstand om werkelijk in het hart te rusten. Het kan onpraktisch of te kwetsbaar lijken om continu op een dergelijke verruimde, open, ongecensureerde manier in de wereld te staan. En dus vervallen we dikwijls in onze oude gewoonte om te kijken vanuit de geest en het valse besef van zeggenschap ervan. De geest geeft ons het idee dat we weten wat er gaat gebeuren. Zelfs wanneer we alleen maar menen te weten wat er gaat gebeuren voelen we ons al gerustgesteld, ook al is dat irrelevant voor wat er werkelijk gebeurt.

Het heeft echter ook nadelen om met een geestelijk perspectief in de wereld te staan. De meeste gedachten gebeuren nooit echt, en de neiging om je op de inhoud van je geest te concentreren kan verhinderen dat je ten volle opmerkt wat er dan wel in werkelijkheid gebeurt.

Bij een zwaar leven is het nog steeds niet nodig om je terug te trekken in de geest, met zijn vele blinde vlekken en beperkte perspectief. Je kunt ook naar de wereld kijken en luisteren en deze gewaar zijn vanuit je buik. Net zoals je je gewaarzijn vanuit het hartcentrum in je borst kunt laten stromen, kun je je gewaarzijn zelfs nog verder laten afdalen en laten stromen vanuit een plek op enkele vingerbreedtes onder je navel. Dit centrum staat bekend als de *hara*.

Oefening: *Probeer deze oefening eerst met je ogen dicht en daarna open. Observeer wat je gewaar bent op dit moment: de geluiden, een gedachte, de voorwerpen om je heen. Merk op of je kijkt of luistert of waarneemt vanuit je hoofd, en merk op hoe dit is. Laat nu langzaam je gewaarzijn omlaag zakken, tot in je buik. Het gaat er hier niet om dat je je buik voelt of voelt wat zich in je buik bevindt. Het gaat er puur om dat je je omgeving ervaart vanuit je buik. In het begin kan het helpen als je je hand net onder je navel legt. Zo stuur je jezelf om vanuit deze plaats te kijken, te luisteren en waar te nemen. Laat het toe dat wat je ziet en hoort gezien en gehoord wordt door je buik, in plaats van door je hoofd. Hoe is het om waar te nemen, te luisteren en te kijken vanuit je buik? Kies een voorwerp uit en neem het waar met je buik in plaats van met je hoofd. Wat ervaar je?*

De buik is een reservoir van kracht en competentie. Met zijn degelijkheid en stevigheid is hij opgewassen tegen wat het leven ook maar voorschotelt. Wanneer je vanuit je buik kijkt, vernauwt je zicht niet en worden problemen niet uitvergroot, zoals wel gebeurt wanneer je vanuit je hoofd kijkt. Je zicht blijft in plaats daarvan open en verruimd. Bovendien heb je het gevoel dat er iets degelijks en echts is wat alles ervaart. Je echte ik zetelt hier en is in staat om te doen wat er gedaan moet worden.

Je buik smeedt je gewaarzijn tot een degelijke en substantiële aanwezigheid, die zich niet snel laat overweldigen of zelfs ongepast laat beïnvloeden door omstandigheden. Vanuit de buik kijken is een veel effectievere manier om je door de wereld te bewegen dan denken. Je buik is een plaats waar doen en consistentie je van nature afgaan.

Oefening: *Neem even de tijd om wat te spelen met deze nieuwe manier van gewaar zijn en kijken. Hoe zien de voorwerpen om je heen eruit of hoe voelen ze wanneer je ernaar kijkt vanuit je buik? Hoe ervaar je anderen met je buik? Hoe klinken geluiden of muziek wanneer je vanuit je buik luistert? En gedachten? Ze kunnen nog steeds opkomen, maar wat gebeurt ermee als je ernaar luistert en kijkt vanuit je buik daarbeneden? Komen ze je voor als belangrijk, of zijn ze slechts voorbijgaande woorden en beelden in een grote open ruimte? Oefenen gedachten of omstandigheden veel invloed uit, of ben je ze gewaar vanuit iets degelijks en echts, wat zich niet tot nauwelijks laat beïnvloeden door ideeën en gebeurtenissen? Kijk hoe de wereld eruitziet en voelt vanuit deze plek. Het is een andere wereld. Verken deze nieuwe wereld. Ontdek hoe je alledaagse ervaringen zijn wanneer je ze vanuit je buik gewaar bent.*

Je buik fundeert je gewaarzijn in de echte wereld zonder de inhoud van je gewaarzijn uit te vergroten of te vervormen. Wanneer je de wereld vanuit je buik gewaar bent, ervaar je dat wat er is direct en eenvoudig zoals het komt. Je ervaart het bovendien met een sterk en capabel zelfbesef. Want je maakt tenslotte deel uit van wat er nu en hier is. Waarom zou je er een gevoel van je eigen aanwezigheid uit weglaten? Je kunt je bestaan mee laten stromen in alles wat je ervaart, en wanneer je vanuit je buik kijkt, kan je bestaan de presentie en substantie van een complete zijnsberg lijken te bezitten.

Met deze solide zijnsbasis werken gedachten veel minder op je gewaarzijn in. Het is niet meer nodig om je gedachten te veranderen of te doen verstommen. Kijk simpelweg eens wat er van je gedachten overblijft wanneer je ze gewaar bent vanuit je buik.

Oefening: *Observeer je gedachten zoals ze opkomen, van moment tot moment. Merk nu op vanwaar je je opkomende gedachten opmerkt. Als je naar je gedachten luistert en kijkt en ze gewaar bent vanuit je hoofd, hoe is dat dan? Hoe groot ogen, klinken of voelen ze? Hoe belangrijk lijken ze? Laat nu je gewaarzijn vanuit je buik naar je gedachten stromen zonder ook maar iets aan de gedachten zelf te veranderen. Hoe is het nu? Hoe groot ogen, klinken of voelen ze daarboven in het hoofd van ver beneden in je onderbuik? Hoe belangrijk lijken ze nu nog? Bezitten ze nog steeds het vermogen om ongepast invloed uit te oefenen of je af te leiden van je positie in het hier en nu?*

Gedachten zijn nuttig zolang je ze herkent als gedachten en niet meer dan dat. Vanuit de buik kijken kan je een gevoel geven dat je een substantiële aanwezigheid bent, die zich niet ongepast laat beïnvloeden door voorbijgaande gedachten.

Je kunt ook in je buik rusten. Je kunt er rusten als een berg van gewaarzijn en de stilte van die immense aanwezigheid voelen.

Oefening: *Laat je gewaarzijn vanuit je buik stromen. Het maakt niet echt uit wat je gewaar bent, alleen vanwaaruit je* *gewaar bent. Ontspan je nu eenvoudig daarin. Rust hier in de soliditeit van het perspectief van je buik. Op deze plaats heb je niks te doen en hoef je nergens heen. Je bent echt. Je bestaat.*

Alles samengevoegd

Vanuit je heartfulness kijken en vanuit je buik kijken kan zo geweldig veel toevoegen aan je gewaarzijn en aan het gevoel van bevrediging en competentie waarmee je in het leven staat. Vanuit je hoofd kijken kan ook een nuttige dimensie van je gewaarzijn zijn. Hoewel gedachten als zodanig geen diepgaande werkelijkheden zijn, bestaat er geen reden om hun bestaan of nut te ontkennen. Pas wanneer je gewoontegetrouw vastgeroest zit in het kijken vanuit je hoofd, oefenen gedachten chronisch een negatieve invloed uit in de zin dat ze je perspectief en reikwijdte van gewaarzijn inperken. Maar daarmee is nog niet gezegd dat je nooit vanuit je hoofd zou mogen kijken.

Gelukkig is je gewaarzijn ongelooflijk flexibel en kan het wisselen van perspectief. Het is zeker niet nodig dat je jezelf beperkt tot het ene of het andere perspectief.

Oefening: *Kies iets in je omgeving. Word het eerst gewaar met je hoofd, daarna met je hart en tot slot met je buik. Waarin verschilt je gewaarzijn telkens? Het contrast tussen de drie modi van kijken, luisteren en waarnemen stelt je in staat om de verschillen in het gewaarzijn zelf op te merken terwijl het omhoog beweegt naar je hoofd en vervolgens omlaag naar je hart en nog verder omlaag naar je buik. Blijf in deze oefening met je gewaarzijn bij hetzelfde voorwerp of geluid of dezelfde gedachte.*

Elk verschil zal dan rechtstreeks samenhangen met vanwaaruit je kijkt en niet voortvloeien uit de omstandigheid dat je iets anders in je omgeving ervaart. Herhaal de oefening met verschillende ervaringen. Zo raak je vertrouwd met elke modus en ontwikkel je gevoel voor wanneer elk ervan gepast of nuttig zou kunnen zijn.

De geest is met name een gepaste modus wanneer je je op bepaalde taken concentreert, zoals boekhouden, iemand de weg wijzen, een filosofisch idee kritisch bekijken of een telefoonnummer in het geheugen prenten.

De buik is vooral geschikt wanneer er om actie, consistentie, kracht of onderscheidingsvermogen wordt gevraagd. Voorbeelden zijn situaties waarin je moet volharden om iets voor elkaar te krijgen; waarin je nee tegen iemand moet zeggen; waarin het belangrijk is om te handelen of je uit de voeten te maken, omdat het onplezierig of gevaarlijk is; en waarin een ervaring zeer intens, zeer overweldigend en/of zeer plezierig is.

Het perspectief van het hart, van heartfulness, is altijd gepast, vooral wanneer zich de gelegenheid voordoet om eenvoudig te rusten en te zijn. Het volstaat altijd om simpelweg te zijn. Dit wijde gewaarzijn dat je bent, is alles wat je ooit echt nodig hebt. Het bevat in zich alles wat er echt toe doet in het leven: liefde, vrede, wijsheid, helderheid, vreugde, kracht, waarde en verwondering. Het ware hart is vele malen groter dan de ruimte in je borst en omvat feitelijk ook je hoofd, je buik en al het overige.

Kijken vanuit hart, buik en geest

Dit ware hart is je echte thuis. De perspectieven van

hoofd, borst en buik zijn allemaal componenten van dit wijde zijnshart, van heartfulness. Eén manier om dit te ervaren, is door alle drie de modi van waarnemen gelijktijdig in te schakelen.

Oefening: *Probeer deze oefening eerst met je ogen dicht en daarna open. Observeer wat je gewaar bent op dit moment: de geluiden, een gedachte, de voorwerpen om je heen. Merk op of je kijkt of luistert of waarneemt vanuit je hoofd, en merk op hoe dit is. Laat nu je gewaarzijn gelijktijdig vanuit je hart en je hoofd stromen. Wat ervaar je nu? Vullen de twee modi elkaar aan? Betrek er nu ook je buik in. Maak je er niet druk over of je het wel goed doet. Laat eenvoudig je gewaarzijn uit alle drie de plaatsen tegelijk stromen in de mate waarin dat gebeurt. Wat ervaar je? Hoe voelt het om gelijktijdig over zoveel kanalen van informatie en gewaarzijn te beschikken? Hoe is het om waar te nemen, te luisteren en te kijken vanuit alle drie? Kies een voorwerp uit en wees het gewaar vanuit alle drie de plaatsen. Wat ervaar je?*

Wat je echt bent, is puur gewaarzijn – lege ruimte, die het wonderbaarlijke vermogen bezit om de wereld waar te nemen. Hoewel de ruimte gemodelleerd wordt door het leven en de menselijke houders waardoor deze ruimte passeert, blijft het fundamentele karakter als ruimte onveranderd. Door de ruimte door je ware hart (met inbegrip van hoofd, borst en buik) te laten stromen, bied je er maximale ruimte aan om te expanderen en te functioneren. Het leven is een rijke en constant wisselende ervaring – waarom zou je het dan niet tegemoet treden met alles wat je bent? Wanneer je in het vervolg opgewekt wordt om je gewaarzijn vanuit je hart te laten stromen, is dat tevens een uitnodiging om het vanuit je totale zijn te laten stromen – vanuit je hoofd, je buik en je hart. Je ware hart, je heartfulness, omvat dit alles en meer.

Kijken vanuit de ruimte zelf

De gewaar zijnde ruimte van je zijn is onbegrensd en oneindig. Naarmate je voller overschakelt op het kijken vanuit je hart, op ervaren vanuit heartfulness, beweeg je je ook richting een vollere ervaring van deze oneindige aanwezigheid van je zijn. Het is mogelijk om zelfs nog dieper in je zijn af te dalen en van daaruit te kijken en waar te nemen. Gewaarzijn is een kwaliteit van de ruimte zelf en huist niet in je hoofd, borst of buik. Wat feitelijk waarneemt, is deze oneindige ruimte, die aan alle kanten rond je fysieke lichaam uitdijt.

Oefening: *Probeer deze oefening eerst met je ogen dicht en daarna open. Observeer wat je gewaar bent op dit moment: de geluiden, een gedachte, de voorwerpen om je heen. Merk op of je kijkt of luistert of waarneemt vanuit je hoofd, en merk op hoe dit is. Laat nu je gewaarzijn gelijktijdig vanuit je hart, buik en hoofd stromen. Wat ervaar je? Laat nu je perspectief nog dieper afdalen tot in de oneindige ruimte van je zijn. Je kunt van overal en nergens in het bijzonder kijken. Maak je er niet druk over of je het wel goed doet. Laat eenvoudig je gewaarzijn uit de diepten van je zijn zelf stromen in de mate waarin het stroomt. Wat ervaar je? Hoe voelt het om in zo'n geweldige mate open en stromend gewaar te zijn? Laat toe dat wat je ziet en waarneemt, wordt gezien en waargenomen door de lege ruimte van je zijn. Hoe is het om waar te nemen, te* *luisteren en te kijken vanuit de uitgestrekte wijdte? Kies een voorwerp en word het gewaar met de oneindige ruimte van je zijn. Wat ervaar je?*

Je gewaarzijn hoeft zich niet altijd op je lichaam te oriënteren. Het kan ook rechtstreeks vanuit de oneindige aanwezigheid van je zijn stromen. Wanneer gewaarzijn op deze manier beweegt, wordt het niet gemodelleerd door enige inprenting of conditionering. Je kunt diep rusten in deze ruimte terwijl je gewaarzijn zich vrij beweegt op welke manier het dan ook toevallig stroomt.

Oefening: *Laat je gewaarzijn stromen vanuit de oneindige ruimte in de diepte van je zijn. Het maakt niet echt uit wat je gewaar bent, alleen vanwaaruit je gewaar bent. Ontspan je nu daarin. Rust hier in de wijdte van het perspectief van je zijn. Vanaf hier is er alleen nog ruimte.*

4

Het valt niet altijd mee

De ingeprente mens

Je bestaan in menselijke vorm betekent dat de inprenting of conditionering die je hebt ondergaan, vele dimensies kent. Het gaat niet zo eenvoudig als bij de inprenting van het eendenkuiken. Alles wat je meemaakt, prent je in zekere mate in, het conditioneert je. Je gewaarzijn is nu eenmaal dermate gevoelig voor het leven. Je bent ingeprent door je DNA, ouders, leraren, broers en zussen, bekenden, omgeving, astrologie, vorige levens en de media. Voeg daar elke ervaring die je hebt gehad, aan toe en het zal duidelijk zijn dat er een reusachtige symfonie van invloeden inwerkt op de ontplooiing van je leven en je gewaarzijn. Gelukkig valt je conditionering jou niet te verwijten. Niemand valt iets te verwijten. Of we zouden kunnen zeggen dat iedereen evenveel te verwijten valt, aangezien we allemaal bij elke interactie met anderen onze conditionering met hen delen.

Het nettoresultaat van deze conditionering is dat het niet altijd meevalt om je gewaarzijn te verschuiven en vanuit je hart of vanuit je buik te kijken. Het is altijd eenvoudig, maar niet altijd makkelijk. Als je bijvoorbeeld opgegroeid bent met intellectuele ouders of tijdens je schoolperiode en in je carrière beloond bent voor je geestelijke capaciteiten, dan zal de tendens om vanuit je geest te kijken heel sterk zijn.

Bovendien kunnen er ook nog eens negatieve associaties zijn gevormd rond het lichaam of de emotionele kant van het leven. Dat maakt het zoveel moeilijker om naar de buik of het hart te verschuiven. Doe je het, dan voel je je er mogelijk erg ongemakkelijk bij, wat je vermogen om vanuit die plaats waar te nemen blokkeert. In plaats van degelijkheid en kracht in je buik te voelen, zou je juist het tegenovergestelde kunnen ervaren – een gebrek aan steun en stabiliteit. Of misschien verengt je gewaarzijn zich wanneer je naar je hart verschuift als gevolg van een bepaalde onopgeloste pijn die in je borst lijkt te zetelen.

Wanneer dit soort ervaringen zich voordoen, is dat geen teken dat er met jou of je gewaarzijn iets mis is. Het is slechts een andere laag van inprenting die zich opgehoopt heeft. Je hebt niets gedaan om de laag aan te brengen; je hebt hem louter geërfd. Ik zou er bij je op willen aandringen om bij je ervaring te blijven, ongeacht wat er gebeurt. Als je wat dieper afdaalt en het gebrek of de weerstand, pijn of leegte ervaart van zelfs nog dieper in je hart of buik, dan stelt dat je soms in staat om uiteindelijk de waarheid van die pijn of weerstand te zien. Vanuit het completere zicht van het hart zal het probleem je minstens als minder belangrijk voorkomen.

Soms is het noodzakelijk om bij wat je ervaart, aanwezig te blijven zolang het zich blijft voordoen. Deze gekwetste of angstige plaatsen, of punten waarop je een tekort of gebrek voelt, behoeven feitelijk alleen maar eenvoudige aanvaarding en liefde. Erbij blijven is vaak het enige wat je hoeft te doen.

Het is goed om hulp te zoeken bij alles wat door deze nieuwe modi van gewaarzijn wordt losgewoeld. Soms volstaat alleen de meelevende, luisterende aanwezigheid van een ander al om je in staat te stellen om bij je ervaring te blijven terwijl deze zich ontvouwt.

Begin waar je je bevindt

Als je erin geïnteresseerd bent om de waarheid van je gewaarzijn en de mogelijkheden ervan te ontdekken, is de beste plaats om dat te doen daar waar je gewaarzijn zich bevindt – en je gewaarzijn bevindt zich altijd daar waar jij je bevindt. Het is tenslotte wat je bent, dus waar zou het anders kunnen zijn? De sleutel tot alle spirituele oefeningen is die toe te passen op je daadwerkelijke ervaring zoals deze op dit moment is. Een idee over hoe je anders moet zijn of wat er moet veranderen is niet meer dan weer een andere gedachte die je gewaarzijn filtert en modelleert. Ondertussen ben je gewoon hier.

Oefening: *Laat je gewaarzijn zo vol vanuit je hart, hoofd en buik stromen als het je lukt onder de omstandigheden van je bestaan op dit moment... en dat naar om het even welke gewaarwordingen die je ervaart, naar om het even welke gedachten die opkomen, naar om het even welke blokkeringen of moeilijkheden die geactiveerd worden, naar om het even wat er verder nu op dit moment ook mag gebeuren. Ontspan je en wees gewoon gewaar wat er in het hier en nu gebeurt – want dat is het enige wat je gewaar hoeft te zijn. Geef alle pogingen om er iets aan te veranderen op. Probeer het niet tegen te houden als er iets aan verandert. Rust eenvoudig. Laat het gebeuren. Het maakt niet uit wat je ervaart. Wat ertoe doet, is* *vanwaaruit je het ervaart. En dat gaat zelfs op voor de moeilijke en pijnlijke ervaringen.*

Ruimte geven

Wanneer het je vreselijk moeilijk of zelfs onmogelijk lijkt om naar je hart of buik te verschuiven en van daaruit te kijken, kun je nog op een andere manier overschakelen op een wijder perspectief: door je ervaring de ruimte te geven. Geef de ruimte aan je gewaarwordingen, gedachten, gevoelens en de stoffelijke objecten en gebeurtenissen om je heen. Je kunt ruimte geven aan wat zich ook maar aandient in wat je nu op dit moment ervaart.

Je bent onbegrensde, gewaar zijnde ruimte. Dat betekent dat je niet hoeft uit te kiezen wat je gewaar bent en wat je in je ervaring toelaat. Je kunt het allemaal gewoon de ruimte geven om er te zijn. Stel je voor dat je multimiljonair was. Gezien je in principe onbeperkte financiële middelen zou je heel veel geld weg kunnen geven en nog steeds niet zonder zitten. Je bent net een multimiljonair als het op ruim gewaarzijn aankomt. Het is absoluut onmogelijk dat je zonder komt te zitten. Je kunt ruimte geven aan alles wat zich aandient.

Wanneer je ruimte geeft aan je ervaringen, verschuif je voller naar de wijdheid van je zijn, naar wat je in je hart ervaart. Je kunt je voorstellen dat ruimte naar of rond de objecten of gewaarwordingen stroomt, of je kunt simpelweg observeren dat er al ruimte voor bestaat. Een eenvoudige test om te bepalen of er ruimte voor iets is, bestaat uit opmerken of het bestaat: als iets bestaat, moet er voldoende ruimte voor zijn om te bestaan.

Oefening: *Experimenteer met ruimte geven aan aspecten van je ervaring. Stel je voor dat er ruimte heen of omheen stroomt. Of merk gewoon op dat de objecten en gebeurtenissen om je heen en in jezelf al voldoende ruimte hebben om te bestaan. Geef ruimte aan je lichaam en gewaarwordingen zoals ze zijn. Geef ruimte aan je gedachten, gevoelens en verlangens. Geef ruimte aan de voorwerpen in de kamer. Geef ruimte aan de geluiden die zich in je omgeving aandienen. Geef heel veel ruimte aan alles wat je op dit moment kunt waarnemen. Hoe voelt dat? Hoe wijd en vrij voel je je wanneer je aan alles ruimte geeft?*

Wees niet gierig – geef dingen zoveel ruimte als ze nodig hebben en meer. Als een bepaald aspect van je ervaring moeilijk of ongemakkelijk lijkt, geef er dan heel veel ruimte aan. Wat gebeurt er als je die moeilijkheid of dat ongemak alle ruimte in je nabijheid geeft? En wat als je er zoveel ruimte aan geeft als het hele land waar je je bevindt? Of alle ruimte in de wereld of het zonnestelsel? Hoe belangrijk komt het je nu nog voor? Wat merk je verder nog aan die moeilijkheid of dat ongemak wanneer je er heel veel ruimte aan geeft?

Je kunt in eerste instantie experimenteren met het geven van ruimte aan iets neutraals, zoals een meubelstuk of de geluiden van vogels buiten. Heb je eenmaal wat meer gevoel voor hoe je ruimte aan je ervaringen kunt geven, dan kun je verder experimenteren met meer uitdagende, moeilijke of pijnlijke aspecten van je leven.

Maak je er niet te druk over wat het precies betekent om 'iets ruimte te geven'. Het experiment van ruimte geven is in het begin weliswaar grotendeels intellectueel, maar het kan je toch in contact brengen met die ruimte. En omdat die gewaar zijnde ruimte is wat je bent, kan het je ook meer in contact met je ware aard brengen.

Het grootste deel van de tijd hebben we het gevoel beperkt te zijn. Het lijkt of er slechts zoveel tijd en gewaarzijn beschikbaar is. En dus voelen we de behoefte om uit te kiezen waaraan we ons gewaarzijn schenken. We proberen ons gewaarzijn weg te halen van gebeurtenissen of omstandigheden die ons niet aanstaan of willen het liever concentreren op wat ons wel bevalt.

De sleutel is om ruimte en gewaarzijn te geven aan alles. Je kunt ruimte geven aan én je gedachten én je gewaarwordingen. Je kunt ruimte geven aan én een gebeurtenis in de buitenwereld én de gevoelens die deze gebeurtenis in je opwekt. Je kunt ruimte geven aan én een gevoel van opwinding én een gevoel van angst over dezelfde gebeurtenis én alle twijfels en zorgen die je erover hebt én alle herinneringen die erdoor worden losgemaakt én alle inzichten die bij je opkomen te midden van al die andere responsen. Je kunt altijd ruimte geven aan dit en dat en al het overige.

Oefening: *Neem nota van iets wat zich op dit moment in je omgeving of algemener in je leven voltrekt. Geef er ruimte aan. Geef gelijktijdig ook ruimte aan de gedachten die erover bij je opkomen. Geef ook ruimte aan je gevoelens en verlangens die hiermee te maken hebben. Geef zoveel ruimte als al deze gebeurtenissen en innerlijke reacties nodig hebben – en meer. Je kunt nooit door ruimte heen raken. Ga door met ruimte geven aan al deze dingen en geef ook ruimte aan al het overige in je omgeving: andere mensen, gebeurtenissen en objecten die er geen verband mee houden, gedachten en gevoelens die er los van staan. Merk op dat je ongehinderd kunt doorgaan met ruimte geven aan steeds meer van alles waaruit je leven en ervaringen* *bestaan. Hoe voelt dat? Zit je op dit moment exclusief in je hoofd, of ervaar je het voller vanuit je totale zijn, je hart en buik inbegrepen?*

Vaak kun je je eenvoudig laten zakken en vanuit je hart en/of buik kijken. De stroom van wijd gewaarzijn zal zich dan op natuurlijke wijze ontvouwen. Maar soms lijk je misschien met geen mogelijkheid te kunnen ophouden met denken en kijken vanuit je hoofd. Geef dan die ervaring gewoon wat ruimte, zodat je minder verkrampt ben. Kijk of je daarna makkelijker kunt afdalen naar je hart en buik. Ruimte geven is een andere manier om in contact te komen met dit ruime gewaarzijn dat je bent. Naarmate je meer ruimte geeft aan je ervaringen, verschuift je gewaarzijn natuurlijkerwijs naar je hart en buik.

Wanneer is het tijd om op te houden?

Het doel van deze oefeningen is je meer in contact te brengen met je wezenlijke aard als gewaar zijnde ruimte. Wanneer je eenmaal merkt dat je jouw ervaring kunt transformeren door heartfulness, kun je gewoon rusten en je gewaarzijn laten stromen zoals het van nature wil stromen. Je bent nog steeds gewaar zijnde ruimte, ongeacht vanwaaruit deze stroomt of hoe die wordt gemodelleerd door je hoofd, hart of buik.

Hoe weet je dat de oefeningen vrucht hebben afgeworpen en het tijd is om te rusten en je gewaarzijn de vrije en natuurlijke expressie te laten nemen? De eenvoudige indicator is of je gewaarzijn op momenten dat er geen speciale eisen aan worden gesteld uit zichzelf afdaalt naar je hart en nog verder, tot in de diepten van je eigenlijke zijn. Omdat de aandrang om vanuit je hoofd te kijken zo groot is, is het belangrijk om je in de alternatieven te oefenen. Maar wanneer de nieuwe gewoontes om vanuit je hart en buik te kijken of om dingen ruimte te geven eenmaal stevig in je verankerd zijn en je dit even vaak of vaker doet dan vanuit je hoofd kijken, is het niet meer nodig om verder te oefenen. Hoe lang het duurt voordat het zover is, verschilt van persoon tot persoon.

Het leven staat bol van de uitdagingen, kansen en diepe mysteries. Waarom zou je deze onvoorstelbare reis die leven wordt genoemd, niet maken met alles wat je in je hebt – met alle capaciteiten van je zijn? Maar onthoud: je ultieme doel is om te rusten in je hart. Heartfulness is je ware thuis.

5

Heartfulness in het dagelijks leven

Helder denken

We zijn sterk geconditioneerd om op onze gedachten te letten. Alleen de lading aan gedachten kan al overweldigend zijn. We denken en denken, en denken nog wat meer. Vaak zijn onze gedachten tegenstrijdig of irrelevant. Hoe worden we nog wijs uit al deze mentale activiteit? Hoe kunnen we onderscheiden wat belangrijk is en wat niet meer dan geklets?

Waar het op aankomt, is om enige afstand te nemen tot je gedachten. Net zoals een schilder een paar passen achteruit moet zetten van zijn schilderij om perspectief te krijgen op wat hij aan het doen is, moet je een paar passen achteruit zetten van je geest, zodat je er perspectief op krijgt. De eenvoudigste manier om dat te doen is afdalen naar je hart en buik, en je gedachten vandaaruit bekijken.

Oefening: *Observeer eerst gewoon je gedachten. Let op de algehele kwaliteit van je denken. Hoeveel denk je op dit moment? Sla je rustig de gebeurtenissen van dit moment gade? Of is er een eindeloze stroom van commentaar en oordelen, of fantaseer je misschien over wat er juist wel of niet zou moeten gebeuren? Daal nu af en ervaar je gedachten vanuit de volheid* *van je zijn in je hart en buik. Verander niets aan de aard of kwantiteit van je gedachten. In welk perspectief zie je je gedachten wanneer je ze van daarbeneden uit ervaart? Kun je makkelijker de algemene patronen van je denken zien? Komen ze je nog als zo belangrijk of betekenisvol voor? Kun je makkelijker uitmaken welke gedachten belangrijk of betekenisvol zijn? Onthoud: elke keer als je jezelf erop betrapt in gedachten of analyseren verzonken te zijn, kun je naar je hart afdalen om vanuit heartfulness weer perspectief te krijgen.*

Aan denken is niets verkeerds. Het is soms nuttig en dikwijls vermakelijk. Wat ertoe doet, is vanwaaruit je je gedachten ervaart. Wanneer je ernaar kijkt vanuit je hoofd en je er vernauwend op concentreert, lijken ze veel relevanter en belangrijker dan ze werkelijk zijn. In werkelijkheid zijn de meeste gedachten irrelevant. Neem de gedachte: wat als ik een lekke band krijg en te laat kom op mijn afspraak? Deze gedachte is totaal niet relevant, tenzij je inderdaad een lekke band krijgt. En zelfs dan haalt deze gedachte helemaal niks uit. Toch genereert onze geest elke dag duizenden irrelevante gedachten. Dit neemt echter niet weg dat er nu en dan bij ons een gedachte opkomt die wel nuttig en relevant is. Je kunt bijvoorbeeld de volgende gedachte hebben: vergeet niet langs de stomerij te gaan. Dit is natuurlijk heel nuttig als het inderdaad tijd is om erlangs te gaan. De crux is om onderscheid te kunnen maken tussen relevante en irrelevante gedachten.

Wanneer je gedachten vanuit je hoofd ervaart, vergroot de gefocuste kwaliteit van je gewaarzijn de inhoud van de gedachten. Je gedachten komen je als heel groot of luid en dus heel belangrijk voor. Wanneer je afdaalt en de beelden of woorden van de geest ervaart vanuit heartfulness, nemen ze daarentegen hun werkelijke omvang aan – piepklein. Van hieruit bestaat er geen noodzaak om van gedachten af te komen of er zelfs de strijd mee aan te binden. Als een ervan toevallig relevant is, merk je de gedachte nog steeds op en handel je ernaar.

Ervaar voor jezelf hoe het is om je gedachten waar te nemen vanuit de diepste plaatsen in je zijn. Ervaar hoe het is om enige afstand tot en perspectief op de inhoud van je geest te hebben. Het open, wijde gewaarzijn dat je bent, is ook erg wijs en onderscheidend. Met een zicht dat wijd genoeg is, kan het met gemak bepalen wat op dit moment belangrijk is en wat niet zo belangrijk.

Emoties

Gevoelens zijn als gedachten op steroïden. Als je je gedachten gewoonlijk al ervaart alsof je met je neus tegen een televisiescherm gedrukt zit, kan het bij een sterk gevoel net lijken of je in een IMAX-theater met een geluidssysteem van 10.000 watt zit. Terwijl de energetische impressie van een sterke emotie kan opkomen in je borst, buik of keel, is wat ertoe doet eens te meer vanwaaruit je het gevoel ervaart. Als je bij sterke emoties in je hoofd blijft zitten, ervaar je de emotie dikwijls als een innerlijk conflict of innerlijke gespletenheid. Jij zit in je hoofd en de gevoelens spelen zich daarbeneden in het lichaam af. Het kan vreselijk moeilijk zijn om ze van daarboven in je hoofd te reguleren. Omdat een emotie immens en overweldigend kan lijken, zou je je ertegen kunnen verzetten of het gevoel kunnen ontkennen.

Onderdrukking of ontkenning van gevoelens werkt

een tijdje. Maar omdat ze niet echt zijn weggegaan, komen ze op den duur weer aan het oppervlak. Op dat punt manifesteert het gevoel zich vaak als een explosie van opgekropte energie. Als je dan eindelijk in staat bent om te huilen of te schreeuwen of met dingen te smijten, voel je een diepe ontlading. Maar dit soort expressie resulteert vaak in een puinhoop. Het gevoel van opluchting dat de ontlading geeft, wordt maar al te vaak gevolgd door gevoelens van spijt of schuld over wat we gezegd of gedaan hebben.

De geest is geen bijster goede manager van de energie van emoties. Hij neigt ernaar gevoelens en de gedachten die ze genereren op te blazen. Het is door deze uitvergroting dat het zo'n halszaak lijkt om de gevoelens te onderdrukken of ontladend te uiten.

Uiteraard bestaat er een alternatief: afdalen naar het hart en het gevoel ervaren vanuit een open, wijd perspectief. Vanuit heartfulness. Beleefd vanuit de oneindige ruimte van je zijn boet zelfs een zeer sterke emotie aanmerkelijk aan belang in. Met zoveel ruimte beschikbaar voor gevoelens is het onderdrukken of uiten ervan geen nijpende noodzaak meer.

Oefening: *Herinner je een recente ervaring die een sterke emotie in je losmaakte. Sta jezelf toe om de gevoelens die je had zoveel mogelijk opnieuw te voelen. Daal af naar de diepte van je hart en vooral je buik als het je moeite kost om de gevoelens te beheersen of erbij te blijven. Bedenk dat je ook gewoon ruimte kunt bieden aan het gevoel, zoveel als het nodig heeft. Hoe belangrijk is het gevoel nog wanneer je er veel ruimte aan geeft en het van diep binnenin ervaart? Is er ruimte voor het gevoel om er te zijn zoals het is en niet anders? Rust nog dieper* *in je hart en buik. Hoe is het nu? Is het echt nodig dat je je gevoelens onderdrukt of uit?*

Wees aardig en geduldig voor jezelf als je je gevoelens op deze manier verkent. Gevoelens zijn vaak sterk geladen en gaan nogal eens gepaard met gewaarwordingen die erg moeilijk of vervelend zijn. Schroom niet om hulp te zoeken bij een therapeut, spirituele gids of groep die dit soort zelfverkenning ondersteunt.

Oefen je erin om naar je hart en buik af te dalen, naar heartfulness, of eenvoudig ruimte te geven aan je sterke emoties. Gaandeweg wordt het vanzelf steeds makkelijker voor je om je gevoelens te ervaren en te verkennen – en te begrijpen. Veel van de energie en geladen kwaliteit van je emoties bevindt zich aan het oppervlak van je gevoelens. Juist daardoor kunnen je gevoelens pijnlijk of overweldigend lijken als je er met je geest van buitenaf naar kijkt. Maar wanneer je afdaalt naar je hart kun je diezelfde gevoelens ervaren als rijk en vol, zonder een gevoel van druk of overweldiging. Vanuit de wijde openheid van je ware zijn is er volop ruimte waarin sterke emoties kunnen opkomen.

Bij een sterke emotie vind je het misschien moeilijk om naar heartfulness af te dalen. De verklaring daarvoor is dat je, doordat je naar je hart afdaalt, in de emotie zelf doordringt in plaats van aan het oppervlak daarvan te blijven. Omdat, zoals gezegd, de met je gevoelens verbonden energie en gewaarwordingen zich voor het grootste deel aan het oppervlak bevinden, zak je als je naar je hart afdaalt ook door het energetisch geladen oppervlak heen. Dit kan zijn alsof je door een brandende hoepel springt: het is alleen heet als je halverwege stopt. Met ervaring zal het je makkelijker afgaan om vol vertrouwen naar je hart af te dalen wanneer er een sterke emotie wordt geactiveerd. Hoewel het in het begin intenser kan zijn, is het eindresultaat een diepgaande verzachting en ontspanning van de strijd om je gevoelens te beheersen of te uiten.

Hoe zou het zijn om binnen in je de ruimte en oneindige capaciteit te hebben om je meest intense emoties werkelijk te voelen? Hoe zou het zijn om geen problemen te hebben met gevoelens, zolang ze voldoende ruimte vinden om er te zijn? Hoe zou het zijn, als je ze er gewoon kon laten zijn zonder dat je moeite hoeft te doen om ze te onderdrukken of je ertegen te verzetten? Hoe zou het zijn, als je ze er zo compleet kon laten zijn dat het zelfs niet nodig is om ze te uiten of te ontladen?

En dat kan allemaal. Wanneer er zoveel ruimte voor is in je hart en zijn, is het mogelijk om van de rijkdom en volheid van je emotionele energieën te genieten. Bij het opwellen van emoties als woede of verdriet ervaar je mogelijk zelfs dat het gewoon voelen ervan bevredigender is dan ze te uiten. Waarom al die roodgloeiende energie van woede verspillen aan iemand anders? Waarom zou je je er niet simpelweg door laten verwarmen en vervullen van kracht? Met een houder die groot genoeg is, kunnen al je emoties bijdragen aan de volheid van je leven. In je ware zijn beschik je al over een houder die groot genoeg is.

Verlangens

Verlangens slingeren ons alle kanten op. Het is alsof we als door een magneet aangetrokken worden door wat we verlangen: wanneer je iets ziet wat je wilt, of er zelfs alleen maar aan denkt, voel je een onweerstaanbare aantrekkingskracht in de richting van dat iets. Bovendien heb je ook nog eens een heleboel verlangens die elkaar tegenspreken. Daardoor kamp je weer met innerlijke conflicten: Ik wil meer eten, en ik wil afvallen. Of: Ik wil een relatie, en ik wil onafhankelijk zijn. Of: Ik wil een vakantiehuisje kopen, en ik wil mijn leven vereenvoudigen. Maar verlangens zijn tegelijkertijd normaal en natuurlijk. Ze zijn de brandstof voor veel van wat we ondernemen en bereiken.

Wat er echt toe doet, is niet welke verlangens je koestert, maar vanwaaruit je ze ervaart. Wanneer je een verlangen ervaart vanuit je hoofd, bevind je je op het oppervlak ervan en voel je de volle kracht van het begeren, omdat dit je in de richting van het object van je verlangen trekt. Wanneer je heartfulness bereikt en hetzelfde verlangen ervaart van dieper binnenin, arriveer je bij de bron van het verlangen, waar de magnetische aantrekkingskracht minder sterk is. Het verlangen is er nog steeds, maar je rust in de kalme bron van je impuls tot handelen.

Het verschil kunnen we zo vergelijken: in het ene geval word je meegesleurd in het kolkende water in een reusachtig afvoerkanaal en in het andere rust je in het meer dat de bron van het afvoerkanaal is. Als je in je hoofd blijft, met zijn vergrotende focus op het object van je verlangen, is het net alsof je meegesleurd wordt in het kolkende water, dat voorbestemd is om zich in het afvoerkanaal te storten. Eenmaal daar is het vreselijk moeilijk om de stroom van verlangen te weerstaan. In de meeste gevallen lukt het ons ook niet. Maar wanneer je afdaalt naar je hart en buik is het alsof je je in het midden van het meer bevindt, waar het stil en kalm is. Het afvoerkanaal van je verlangen is er nog steeds, maar je hebt meer keus of je er al dan niet naar handelt.

Oefening: *Denk aan iets wat je dolgraag wilt – een bezitting of een ervaring waarnaar je verlangt. Let erop hoe je het ervaart terwijl je erover nadenkt. Kun je de magnetische aantrekkingskracht van dat voorwerp van verlangen voelen? Hoe langer je er met je geest op gefocust blijft, hoe belangrijker en onweerstaanbaarder het je vermoedelijk voorkomt. Daal nu af naar je hart en/of buik en ervaar je verlangen van daaruit. Verander niets aan je verlangen. Ervaar simpelweg dezelfde aantrekkingskracht van diep in je zijn. Hoe belangrijk is het verlangen nog wanneer je het vanuit je hart en buik voelt? Kun je makkelijker de aantrekkingskracht weerstaan, eenvoudig rusten in de wijdte van je zijn?*

Wanneer je diep in je hart rust, overzie je makkelijker het totale spectrum van je verlangens en impulsen. Je hebt talloze verlangens. Omdat je er zoveel hebt, tegenstrijdige en ongezonde inbegrepen, kan het helpen om te rusten in je hart. Van daaruit zie je makkelijker welke van je verlangens waar en waardevol zijn. Zelfs zeer sterke tegenstrijdige verlangens vormen geen probleem wanneer je rust in het centrum van je zijn, waar ze veel en veel minder aantrekkingskracht uitoefenen.

Oefening: *Maak een lijstje met een aantal verlangens die je op dit moment hebt. Vergeet niet er alle voor innerlijke conflicten zorgende tegengestelde verlangens in op te nemen (je wilt bijvoorbeeld zowel meer eten als afvallen). Observeer hoe het is* om al deze verlangens te hebben. Kun je voelen dat bepaalde verlangens je in verschillende, tegengestelde richtingen trekken? Daal nu af naar je hart en/of buik en bekijk het volle spectrum van je verlangens van diep binnenin. Hoe belangrijk zijn je verlangens nog als je je hier in de stilte van je zijn bevindt? Oefenen ze, als je in het centrum van je zijn rust, nog steeds zo'n sterke aantrekkingskracht uit? Neem even de tijd om vanuit je hart te bepalen welke verlangens het waard zijn om er werk van te maken en welke niet.

Wanneer je verlangens ervaart met je geest, kan het dodelijk vermoeiend zijn om te proberen alle impulsen daaromheen in banen te leiden. Ook al bevredig je er één, dan maakt dat gewoonlijk een tegengestelde los. Om die reden vallen we zo dikwijls ten prooi aan jojoënde gedragspatronen. Wanneer je daarentegen verlangens vanuit je hart en buik ervaart, is het bevredigen ervan niet zo belangrijk meer. Paradoxaal genoeg maakt dit het makkelijker om te zien hoe je ermee om moet gaan.

Je verlangens vanuit je hart en buik ervaren kan vooral heel nuttig zijn met betrekking tot verslavingen of dwangmatig gedrag. Verslavingen zijn niets anders dan verlangens. Alleen zijn we er in dit geval zo sterk op ingeprent of geconditioneerd om er aandacht aan te schenken, dat ze vaak absoluut onweerstaanbaar lijken. Maar je kunt ze wel degelijk weerstaan – als je dieper rust in je zijn. Bij elke sterke impuls of verslaving helpt het enorm om helemaal af te dalen tot in de buik en het verlangen van daaruit te ervaren. De buik is een plaats van degelijkheid en onderbouwing. Helemaal naar je buik afdalen is als naar de bodem van het meer zinken en een reuzezwerfkei worden. Het nog zo sterke afvoerkanaal van wanhopig verlangen zal je niet mee kunnen sleuren van de berg van presentie in je buik.

De Boeddha zei dat begeerte de oorzaak van alle lijden is. En toch hoef je voor de beëindiging van je lijden niet noodzakelijk eerst je verlangens op te geven. Je beëindigt het al door eenvoudig naar de diepten van je zijn te dalen en je verlangens te ervaren vanuit een plaats waar ze veel minder aantrekkingskracht uitoefenen. Je lijden is het innerlijke conflict dat je ervaart wanneer je mentaal zo sterk op je verlangens gefocust bent, dat je het gevoel hebt ze te moeten bevredigen of weerstaan. Zodra je naar je hart en buik afdaalt, trekken je verlangens niet meer zo sterk aan je. Je hoeft geen inspanning meer te leveren om ze te beheersen of te bevredigen. En het lijden is weg. Rustend in je hart verkeer je innerlijk in vrede terwijl je je weg vervolgt door het leven.

Relaties

In je leven onderhoud je tal van relaties, in allerlei opzichten: met andere mensen, voorwerpen, de natuur, de wereld en de samenleving in het algemeen. Je ervaring van deze relaties wordt beïnvloed door je conditionering. Het goede nieuws is dat je niet af hoeft te komen van de conditionering die je vermogen om je vervuld te voelen in je relaties beperkt of tenietdoet. Wanneer deze conditionering de kop opsteekt in je relaties, kun je eenvoudig je gewaarzijn vanuit je hart en buik laten stromen in plaats van vanuit je geest.

Oefening: *Denk aan iemand in je leven met wie je problemen hebt. Ervaar kort alle reacties en oordelen die deze persoon in je opwekt. Observeer hoe het is om je te laten meeslepen door je gedachten over hem of haar. Laat alle gedachten die opkomen toe en let op hoe het is om ze vanuit je hoofd te ervaren. Concentreer je op de details van jullie relatie: wat de ander heeft gezegd of gedaan, hoe hij of zij dat heeft gezegd of gedaan enzovoort. Daal nu af naar je hart en/of buik terwijl je aan die ander blijft denken. Hoe is het om iemand vanuit je hart en buik te ervaren? Je hoeft helemaal niets te veranderen aan wat hij of zij heeft gezegd of gedaan. Geef de ander de ruimte om te zijn zoals hij of zij is en geef jezelf de ruimte om te voelen wat je voelt. Merk op hoe je de ander vanuit je hart ervaart. Ben je nu meer in staat om hem of haar gewoon te laten zijn zoals hij of zij is? Kun je meer van zijn of haar ware aard waarnemen?*

Soms zijn we bang een speelbal van het ongewenste gedrag van anderen te zullen worden als we onszelf niet verdedigen met oordelen. Maar wanneer we druk zijn met onze gedachten en oordelen kunnen we niet bij anderen aanwezig zijn in het moment. Onze gedachten en oordelen houden ons op afstand van de werkelijkheid en beletten dat we anderen tegemoet treden zoals ze zijn in het hier en nu. Als je anderen daarentegen vanuit je hoofd en buik ervaart, stromen al je zintuigen en observaties vrij en kun je reageren op wat er werkelijk aanwezig is of gebeurt. Wanneer je gewaarzijn uit je buik stroomt, kun je gepast ageren of reageren. En ongetwijfeld ook met kracht en fermheid, als dat nodig is.

Oefening: *Stel je een situatie voor waarin iemand je confronteert met kritiek of een conflict. Of herinner je een dergelijk* *voorval. Observeer hoe het is als je over de situatie nadenkt vanuit je hoofd. Daal nu met je gewaarzijn af naar je buik. Neem de tijd om de fermheid of kracht die daar stroomt werkelijk te ervaren. Hoe is het om tegen de kritiek of het conflict aan te kijken vanuit deze plaats van solide aanwezigheid? Hoe belangrijk of overweldigend is de kritiek of het conflict nog wanneer je het vanuit een wijd en solide centrum ervaart? Probeer naar je buik af te dalen net voor en gedurende alle uitdagende interacties op je levensweg.*

We zijn geconditioneerd om heel veel aandacht te schenken aan anderen, ofwel om onszelf te beschermen of om aardig te zijn en voor anderen te zorgen. Omdat onze aandacht of ons gewaarzijn gelimiteerd lijkt, vergeten we helaas vaak onszelf om voor anderen te kunnen zorgen. Het kan een geweldige opluchting zijn om te ontdekken dat er voldoende gewaarzijn beschikbaar is om aandacht aan anderen te schenken en toch ten volle in contact te blijven staan met onze eigen ervaring en ons eigen zijn.

Oefening: *Stel je een situatie voor waarin je intens gefocust bent op iemand anders en zijn of haar behoeften. Of herinner je een dergelijke situatie. Observeer hoe het is om je (vanuit je hoofd) te focussen op wat er met die persoon aan de hand is en wat hij of zij graag wil. Waar ben je zelf wanneer je je totaal op die ander concentreert? Daal nu af naar je hart en/of buik en laat je gewaarzijn in gelijke mate en vrij stromen naar zowel de ander als je eigen gewaarwordingen en responsen. Kijk of je de aanwezigheid en behoeften van de ander volledig gewaar kunt zijn terwijl je tegelijkertijd net zozeer je eigen aanwezigheid en behoeften gewaar bent. De openheid van* *gewaarzijn dat vanuit je hart en buik stroomt, is beschikbaar voor iedereen die aanwezig is – jijzelf inbegrepen!*

Naast een bron van talloze problemen zijn relaties net zo goed een bron van grote blijdschap en voldoening. Waarom zou je niet de rijkdom aan geschenken van het leven ervaren vanuit een plaats van openheid en vol gewaarzijn?

Oefening: *Denk aan iemand voor wie je enorm veel liefde of waardering voelt. Denk even exclusief vanuit je hoofd aan die persoon. Merk de mate van verbondenheid en intimiteit op die je met je hoofd kunt ervaren. Daal nu af naar de volheid van je hart en buik en laat je liefde en waardering stromen vanuit de diepten van je zijn. Hoe is het om deze vollere stroom van verbondenheid en intimiteit te ervaren? Probeer naar je hart en buik af te dalen net voor en gedurende elke intieme en vreugdevolle interactie op je levensweg.*

Verrassend genoeg kunnen we onszelf ook verloochenen wanneer we ons positief op anderen focussen. We projecteren alle goedheid en vreugde op hen. We zouden zelfs bovenmatig gehecht aan hen kunnen raken, omdat we veronderstellen dat zij de bron van die vreugde en vervulling zijn. Zelfs in de bevredigendste momenten van diep contact en samen genieten met anderen is er genoeg gewaarzijn aanwezig om ruimte te bieden aan je eigen zijn en de onbegrensde bron van vreugde die je bent.

Oefening: *Herinner je een moment waarop je dolgelukkig was met een ander. Observeer hoe het is om je met je hart totaal op* *de ander te focussen en zijn of haar goedheid en aanwezigheid te ervaren. Daal nu diep in je hart en buik af en merk hoe het is om de goedheid en aanwezigheid in je eigen zijn ten volle gewaar te zijn. Iedereen herbergt goedheid en aanwezigheid in zich – jij inbegrepen!*

Het lichaam

We zijn sterk ingeprent op ons fysieke lichaam en vereenzelvigen onszelf ermee. Zelfs zodanig dat het bijzonder vreemd kan lijken om de overtuiging 'Ik ben mijn lichaam' zelfs maar in twijfel te trekken. Ten grondslag aan dit idee ligt weer de overtuiging dat de stoffelijke dimensie van het leven het meest werkelijk is. We geloven in iets wanneer we het kunnen zien, horen of aanraken. Met de stoffelijke wereld van ons lichaam is niks mis en er is niks slechts aan. Wel is een dergelijke sterke focus op die dimensie van het leven beperkend. We kunnen zo sterk opgaan in de ervaringen op het stoffelijk niveau dat we de ervaringen van subtielere dimensies over het hoofd zien, niet serieus nemen of ontkennen.

Een overmatige gerichtheid op en vereenzelviging met het lichaam kan ook heel wat lijden veroorzaken. Hoe we er lichamelijk uitzien of ons voelen kan te belangrijk lijken en we lijden eronder. Het leed vindt zijn werkelijke bron niet in de fysieke werkelijkheid, maar vloeit voort uit onze oordelen en bovenmatige inspanning om ons lichaam te veranderen, te verbeteren of te beschermen. Onze ware aard is veel groter en wijder dan onze fysieke vorm en verschijning, maar wanneer we worstelen om het stoffelijke te veranderen of te verbeteren, lijden we.

Voor ons lichaam zorgen, zoals goed eten en lichaamsbeweging, is niet problematisch. Het probleem is een overmatige gerichtheid op ons lichaamsbeeld en ons oordeel over ons lichaam. We kunnen dermate gefixeerd zijn op onze beelden, angsten, twijfels en zorgen over ons lichaam dat we het lichaam niet ervaren zoals het is. Het lichaamsbeeld kan waarachtiger lijken dan het lichaam zelf. Vaak vinden we dit beeld inferieur en ondernemen we van alles om het te verbeteren.

De remedie voor dit lijden is niet het verbeteren van je lichaamsbeeld . Opnieuw hebben we een eenvoudiger alternatief, namelijk: het ervaren van onze ideeën over ons lichaam en ons lichaam zelf van dieper in ons zijn. Zonder iets te veranderen aan wat je denkt of hoe je eruitziet, kun je dat allemaal ervaren vanuit je hart. Je lichaam en je oordeel erover boeten sterk aan belang in zodra je ernaar kijkt vanuit heartfulness. Vanuit deze plaats ben je de wijde ruimte van je zijn gewaar waarin het lichaam en je lichaamsbeelden verschijnen. Wat je bent, is die ruimte, en je lichaam is slechts een klein deel van wat in jou verschijnt. Hier zetelen ook je liefde, wijsheid, compassie, kracht en het eenvoudige wonder van je gewaarzijn. Deze niet-stoffelijke zijnsdimensies zijn veel groter en werkelijker dan het lichaam.

Het ruimere perspectief van heartfulness ontkoppelt je niet van je lichaam of van lichamelijke gewaarwordingen, ook al komen ze je dan niet langer als zo belangrijk voor. In plaats daarvan bevrijdt het je wanneer je de stoffelijke werkelijkheid in perspectief ziet, zodat je ten volle de rijkdom aan ervaringen in de stoffelijke wereld kunt ervaren. Wanneer het niet zo belangrijk is om je lichaam en zintuiglijke ervaringen te veranderen of te verbeteren, kun je eenvoudig van je lichaam genieten zoals het is.

Oefening: *Concentreer je op je lichaam. Observeer hoe je op dit moment je lichaam ervaart en let op de gedachten, gevoelens en verlangens die opkomen wanneer je bij je lichaam stilstaat. Kijk nu vanwaaruit je je lichaam ervaart. Als je het ervaart vanuit je hoofd, merk dan op hoe dat is. Vóel je echt je lichaam van daarboven in je hoofd, of denk je eigenlijk alleen maar aan je lichaam? Let op alle oordelen, angsten, zorgen, trots, wrevel of gehechtheden die je met betrekking tot je lichaam hebt.*

Daal nu af naar je hart en buik en ervaar je lichaam van diep in je zijn. Blijf letten op alle ideeën, overtuigingen en reacties die in je hoofd opkomen over je lichaam. Neem nu de stoffelijke vorm van je armen, benen en romp waar van diep uit je binnenste. Hoe zijn de fysieke gewaarwordingen van je lichaam wanneer je ze vanuit je hart en buik ervaart? Hoe belangrijk zijn ze nog?

Kun je het open, wijde gewaarzijn ervaren waarin je lichaam en nog zoveel meer van je zijn verschijnen? Ervaar je het veld van gewaarzijn waarin het lichaam verschijnt en de vele andere rijke dimensies aan je zijn in dat open gewaarzijn? Kijk eens of je vrede, liefde, compassie of nieuwsgierigheid in je gewaarzijn ervaart. Hoe belangrijk is het nog om je lichaam te veranderen of te verbeteren wanneer je het van diep binnenin ervaart? Hoe belangrijk is je lichaam nog wanneer je ook zoveel andere dimensies van je zijn gewaar bent?

Vergeet niet, als je dieper in de wijdte van je hart rust, ook ruimte te geven aan je lichaam. Geef het de ruimte om te zijn zoals het op dit moment is. Keer in dit moment terug naar de fysieke gewaarwordingen van je lichaam en ervaar ze vanuit je hart in dit verruimde perspectief. Let op of je in enigerlei vorm warmte of koude gewaar bent. Let op de druk of textuur van de voorwerpen die je aanraakt. Let op alle geluiden, visuele gewaarwordingen of innerlijke gevoelens van je lichaam terwijl je ademt en je laatste maaltijd verteert. Stelt rusten in heartfulness je in staat om de fysieke gewaarwordingen van je lichaam voller te ervaren?

Je lichaam is een van de wonderbaarlijkere scheppingen van je zijn. Afdalen vanuit je hoofd, waar de overmatige vereenzelviging met het lichaam plaatsvindt, stelt je in staat om vollediger de onvoorstelbare symfonie van fysieke gewaarwordingen te ervaren zoals deze zich van ogenblik tot ogenblik aandienen. En dat zonder het lijden dat wordt veroorzaakt door eindeloze pogingen om je lichaam te veranderen of te verbeteren. Er bestaat meer dan voldoende ruimte en gewaarzijn voor elke schitterende lichaamservaring die het leven biedt en ook voor alle andere dimensies van je zijn. Door naar je hart af te dalen open je je voor de rijkdom van het leven en kun je daar vol van genieten.

Pijn

Van je lichaam genieten klinkt fantastisch, maar wat als je pijn hebt? Lichamelijke pijn is er om een reden. Pijn vertelt ons doorgaans dat iets in het lichaam uit het evenwicht is of aandacht behoeft. De pijn van een blaar is er opdat je stopt en een pleister aanbrengt. De aanhoudende pijn van een lichamelijke ziekte of kwetsuur is er opdat je je laat behandelen of rust neemt. Een leven zonder het vermogen om pijn te voelen zou gevaarlijk en rampzalig zijn. Het is dus belangrijk om de boodschap in pijn te herkennen en er gepast op te reageren.

Wel is het mogelijk om pijn te hebben en er tegelijkertijd niet onder te lijden. Lijden vindt zijn oorzaak niet in lichamelijke pijn, maar in ons oordeel over de pijn, ons verzet ertegen en onze worsteling om er iets aan te veranderen. Wanneer we pijn ervaren via ons hoofd wordt de ervaring sterk gekleurd door al onze overtuigingen en angsten over pijn en wat voor gevolgen deze zou kunnen hebben voor onze veiligheid, toekomst en welzijn. Als gevolg van onze overtuigingen en angsten erover maakt pijn ons bang, dus vechten we ertegen. Ons lijden komt voort uit deze overtuigingen en angsten en onze strijd om van de pijn af te komen – niet uit de pijn zelf, die slechts uit gewaarwordingen bestaat. We leren de gewaarwording van pijn te associëren met de innerlijke ervaring van leed en strijd.

Deze associatie van pijn met leed en strijd kan de pijn verergeren. In zijn boek over rugpijn en *mind-body medicine* legt dr. John Sarno uit hoe angst over pijn fysiologische reacties losmaakt die meer pijn veroorzaken. Dit kan een vicieuze cirkel worden, waarin onze overtuigingen over pijn meer pijn veroorzaken, die meer angst losmaakt, die weer meer pijn veroorzaakt.

Eén manier om deze kringloop te onderbreken bestaat erin ruimte te geven aan de lichamelijke gewaarwordingen zoals ze zijn en daarna af te dalen naar ons hart, waar we die gevoelens makkelijker direct kunt ervaren. Vanuit heartfulness is het mogelijk om de ervaring van de lichamelijke gewaarwordingen te scheiden van onze gedachten en overtuigingen over de pijn en daardoor ons lijden uit te bannen.

Oefening: *Let erop of je op dit moment in enigerlei vorm of mate pijn in je lichaam voelt. Het beste kun je beginnen met iets eenvoudigs, zoals een vaag pijntje of zelfs maar jeuk. Voel je op dit moment geen pijnlijke gewaarwordingen, herinner je dan een lichamelijke pijn uit het verleden en werk daarmee. Herhaal deze oefening wanneer je pijn in de een of andere vorm hebt.*

Let op al je gedachten en gevoelens over en reacties op de pijnlijke gewaarwording. Kijk of je enkele van je overtuigingen in dit verband kunt aanwijzen, met name de angsten die je met betrekking tot pijn hebt.

Observeer vanwaaruit je de pijn en de gedachten ervaart. Als je ze via je hoofd ervaart, hoe is dat dan? Hoe belangrijk lijkt de pijn? Hoe belangrijk lijken angsten, twijfels en zorgen over de pijn te zijn wanneer je ze via je hoofd ervaart?

Daal nu af naar je hart of buik en ervaar de sensaties en gedachten vandaaruit. Hoe is het nu? Hoe belangrijk is de pijnlijke gewaarwording nog in dit gefundeerde en wijde perspectief? Hoe belangrijk zijn de angsten, twijfels en zorgen nog waarmee je hoofd worstelt? Neem even de tijd om de lichamelijke gewaarwording die je ervaart, gewaar te zijn terwijl je diep in je zijn rust. Hoe is de gewaarwording zelf als je er ten volle aandacht aan schenkt en hoe is die als je kort ruimte geeft aan de gedachten en angsten in je hoofd zonder er aandacht aan te schenken? Hoe zijn de pure gewaarwordingen? Ervaar je op de pijnlijke plaats een constante gewaarwording of een reeks van voortdurend wisselende gewaarwordingen? Waar precies bevindt de gewaarwording zich? Hoe is de kwaliteit van de gewaarwording op dit moment, en hoe is ze op het volgende moment? Geef ruimte aan alle gevoelens zoals ze zich aandienen en rust zo diep mogelijk in je hart of buik.

Blijf met je volle aandacht bij de gewaarwordingen in je lichaam zoals ze zich van moment tot moment voordoen. Merk op hoe de algemene kwaliteit van je ervaring is. Kun je je met de pijn ontspannen wanneer je er, dieper rustend in je hart, ten volle aandacht aan schenkt? Komt de pijn je in enigermate voor als een probleem of is de pijn meer een ervaring van onophoudelijke wisselende gewaarwordingen? Bezitten de gewaarwordingen de kwaliteit van lijden wanneer je ze op deze manier ervaart? Of zijn ze draaglijker, of minstens toch minder vervelend, wanneer je ze vanuit je hart ervaart? Is het mogelijk dat je lijden voortvloeit uit de uitvergrote ervaring van oordelen en angsten die optreedt wanneer je in je hoofd zit en in beslag wordt genomen door je gedachten over de pijn? Zijn de gewaarwordingen minder of zelfs helemaal niet vervelend wanneer je ze vrij van de kleuring door de commentaren en geprojecteerde angsten van je geest ervaart?

Neem vooral bij chronische toestanden van pijn even de tijd om dieper in deze meer ontspannen, open plaats van eenvoudige gewaarwording te rusten. Gun jezelf een moment rust van de strijd om de gewaarwordingen te verhelpen of te veranderen.

Je kunt nog steeds doen wat ook maar gepast of vereist is om voor je lichaam te zorgen en gehoor te geven aan de pijnlijke boodschappen die het je stuurt. Maar ga, terwijl je maatregelen neemt om iets te verhelpen aan een pijnlijke toestand, ook door met uitzoeken waar het lijden vandaan komt. Is het mogelijk om pijn te ervaren van een diepte in je zijn waar geen verzet tegen de situatie bestaat en dus ook geen echt lijden als gevolg van die pijn?

Deze verkenning kun je het beste beginnen met iets eenvoudigs, zoals een weinig voorstellend pijntje. Probeer pas daarna door te dringen tot de ware bron van lijden bij een sterke pijn. Je zult ongetwijfeld tot het inzicht komen dat hetzelfde principe ook opgaat voor de pijnlijkere toestanden. Stel je voor hoe bevrijdend het zou zijn als je kon ontdekken dat zelfs extreme pijn niet de oorzaak van je lijden is – dat je altijd naar de wijdte van je zijn kunt afdalen en zelfs de moeilijkste gewaarwordingen vandaar kunt ervaren. Terwijl je nog steeds moet doen wat binnen je vermogen ligt om de pijn weg te nemen, biedt het perspectief van het hart, het ervaren vanuit heartfulness, een eenvoudige manier om het zo vaak met lichamelijke pijn gepaard gaande lijden te verminderen of te beëindigen.

Dood en verlies

Sommige spirituele tradities zien het leven – en met name de ervaring van verlies – als een kans om te oefenen voor het ultieme verlies: de dood. Het onderliggende denkbeeld is het volgende: als je ten volle aanwezig en gewaar kunt blijven op het moment van het lichamelijk overlijden, is dat een teken dat je vrij bent van de beperkte perspectieven die al het lijden veroorzaken. Alles buiten de dood zelf biedt, zolang er niet al te veel op het spel staat, een gelegenheid om deze mogelijkheid te verkennen. Je kunt je oefenen met alle rijke en gevarieerde ervaringen van het gewone leven voordat het moment van je daadwerkelijke dood aanbreekt.

Hiervoor hebben we gezien dat lichamelijke pijn een van de meer uitdagende ervaringen is om met een open hart en een vol en stabiel perspectief tegemoet te treden. Hetzelfde geldt voor de momenten waarop we met dood of verlies worden geconfronteerd. Net als pijn maken dood en verlies al onze angsten los. Deze momenten zijn kansen om de waarheid van je sterfelijkheid en de vergankelijke aard van alles en iedereen waarvan je houdt te verkennen. Waarom zou je dit meest uitdagende aspect van het leven niet verkennen vanuit de meest wijze en meest complete dimensie van je zijn? Waarom zou je niet de dood, van jezelf of van anderen, bezien vanuit je hart, vanuit heartfulness, in plaats van alleen vanuit je geest?

Oefening: *Sta stil bij de mogelijkheid van je eigen dood. Je kunt de oefening ook doen door stil te staan bij het mogelijk overlijden of het mogelijke verlies van iets of iemand waarvan je zielsveel houdt. Overweeg de vele gevolgen die de beëindiging van je fysieke bestaan of het verlies van iemand of iets heeft. Let op alle gedachten, gevoelens, verlangens, reacties, angsten en overtuigingen die je overwegingen losmaken. Vanwaar ervaar je deze gedachten en gevoelens? Als je ze voor het grootste deel ervaart via je hoofd, hoe is dat dan? Hoe belangrijk of moeilijk is dood of verlies in dat perspectief?*

Daal nu diep af naar je hart en laat het gewaarzijn van dezelfde mogelijkheid van dood of verlies stromen vanuit de meest open, wijde dimensies van je zijn. Hoe is het om deze mogelijkheid waar te nemen vanuit je diepten? Hoe belangrijk of moeilijk zijn dood en verlies nog als je ernaar kijkt vanuit diep in je gewaarzijn zelf? Rust hier eventjes in je hart en voel het eindeloze stromen van de tijd in alle vormen en ervaringen zoals ze komen en weer gaan. Daal zo diep als je kunt af in dit wijde gewaarzijn, waarin je lichaam verschijnt en waarnaar het weer zal terugkeren.

Je kunt elke keer opnieuw terugkeren naar deze verkenning wanneer de gedachte aan dood of verlies opkomt, vooral als deze mogelijkheid zich aandient voor jezelf of iemand om wie je geeft. Terwijl het intrinsiek bevrijdend is om tot het inzicht te komen dat je ware aard oneindige eeuwige ruimte blijkt te zijn, is deze ontdekking vooral diepgaand als je met sterven of verlies wordt geconfronteerd. De ruimte zelf kan op geen enkele manier geschaad of gereduceerd worden. Wat een diep geschenk om te beseffen dat de ruimte datgene is wat je werkelijk bent en wat je altijd zult zijn.

6

Wat gebeurt hier?

De kwaliteiten van heartfulness

Die hier aangereikte oefeningen en toepassingen kunnen de manier waarop je je leven en de gebeurtenissen en de mensen daarin ervaart, diepgaand veranderen. Wanneer je je dagelijkse leven ervaart vanuit heartfulness, kan het net lijken of je in een totaal nieuwe wereld leeft. En in zekere zin klopt dat ook. Het is een wereld waarin wat er gebeurt, minder belangrijk is dan vanwaaruit je het gebeuren ervaart.

Waarom heeft de verschuiving naar kijken vanuit het hart, naar heartfulness, zo'n diepgaand effect op je ervaring? Hoewel het niets verandert aan wat er feitelijk gebeurt, kan het verschil transformerend zijn. De reden is dat je als je vanuit je hart kijkt voller verschuift naar je eigen zijn, je ware aard. Je bestaat weliswaar uit gewaar zijnde ruimte, maar de ruimte is niet leeg. Alles wat er echt toe doet, bevindt zich in de ruimte die je bent – niet in de externe gebeurtenissen of je levenservaringen, zoals we zo vaak veronderstellen. De ervaring van vreugde of geluk is bijvoorbeeld een natuurlijke kwaliteit van de openheid van gewaar zijnde ruimte. Wanneer je gewaarzijn zich opent en vrijer stroomt, word je vanzelf blijer en meer vervuld. Dit geluk is inherent aan het zijn. Je leven wordt zodoende automatisch een vollere en rijkere ervaring naarmate je voller naar de ruimte van je zijn verschuift.

Hetzelfde kan ook intreden wanneer omstandigheden in de buitenwereld beantwoorden aan je verlangens. Maar in dit geval gebeurt het alleen maar omdat je verlangen vervuld is. Daardoor ontspant en verruimt je gewaarzijn zich en in dat verruimde gewaarzijn ervaar je vreugde en geluk – kort, voor zolang het duurt. Helaas veronderstellen we vaak ten onrechte dat de omstandigheid in de buitenwereld de bron van het geluk is. De ware bron is echter de wijdte van je zijn.

Hetzelfde principe gaat op voor alles wat echt van belang is in het leven: liefde, vrede, waardigheid of waarde, compassie, helderheid, wijsheid, kracht, schoonheid en volmaaktheid. Deze zeer werkelijke en belangrijke ervaringen zijn kwaliteiten van de ruimte die je bent. Alles wat je ervaring van deze wijdte ontsluit, kan je zodoende meer in contact met de kwaliteiten van je zijn brengen. Of terugkijkend: elke keer dat je in contact bent gekomen met de werkelijk betekenisvolle dimensies van het leven, ben je in contact gekomen met dit wijde gewaarzijn van je zijn en de daaraan intrinsieke kwaliteiten.

Alles is goddelijk van aard

De ervaring van kijken vanuit je hart, vanuit heartfulness, verschilt nogal van vanuit je hoofd kijken, maar het kijken zelf is in de basis gelijk. Om in contact te komen met je zijn is het niet noodzakelijk om vanuit je hart of om het even welke plaats in het bijzonder te kijken. Hoewel je veel makkelijker in contact met de aard van je zijn komt wanneer je vanuit je hart kijkt, is het nog steeds je ware aard wanneer je vanuit je hoofd kijkt, ook al ervaar je deze aard dan minder vol. Deze oefeningen hebben tot doel je de ware aard van je zijn te laten zien, zodat je als die gewaar zijnde ruimte kunt rusten.

Het is bevrijdend om de onbegrensde aard van je zijn voller te ervaren. Tot het inzicht komen dat dit altijd de aard van je zijn is, ongeacht wat je ervaring ervan modelleert of inperkt, is zelfs nog bevrijdender. Je kunt in dit essentiële gewaarzijn rusten, ongeacht wat er gebeurt of hoe je dat ervaart. Net zoals je ook niet elk moment je auto hoeft te zien om te weten dat hij bestaat, hoef je ook niet op elk moment een rijke en volle ervaring van je zijn te hebben om te weten dat het bestaat. Het is er altijd. Het is wat je leven uitmaakt.

Dit levend gewaarzijn en deze wijdte zijn je aard. Ze zijn je goddelijke aard. Jij bent goddelijk. Ook wanneer je verengd en verward bent, ben je goddelijk. Alles is goddelijk. Dat is het enige wat er is, en jij bent dat.

Wat ben je?

Het maakt niet zoveel uit wat je in het leven ervaart. Wat ertoe doet, is wat je werkelijk bént. Is het mogelijk dat je eigenlijk niet je lichaam, je persoonlijkheid of je geest bent? Is het mogelijk dat dit dingen zijn die je ervaart, maar dat ze niet zijn waaruit je bestaat? Is het mogelijk dat je ruimte – een open en toelatende ruimte

— bent waarin het lichaam en de geest verschijnen? Wat als deze ruimte gewaar is? Wat als het werkelijk de ruimte is die deze woorden waarneemt?

Deze ruimte die je bent is onbegrensd. Deze ruimte van zijn heeft geen grenzen. Als je eeuwig doorgaat, wat zou dat dan betekenen? Wat zou het betekenen als er elk moment onbegrensd gewaarzijn beschikbaar was? Zou je dan nog steeds zo voorzichtig moeten zijn met wat je ervaart en wat je vermijdt? Of zou je het gewoon kunnen toelaten dat elke ervaring iets krijgt van de onbegrensde ruimte die je bent?

Wat als er slechts één ruimte was? Jij bent deze ruimte, en iedereen en alles is het. Wat als je alles wat je ooit zou kunnen verlangen of graag zou willen ervaren al in je hebt? Wat als je al alles bent wat je graag zou willen worden?

Wat als deze ruimte leeft? Wat als de ruimte zelf de levendigheid is die je op dit moment voelt? Wat als deze ruimte een en al vrede, vreugde en liefde is? Wat als deze ruimte al vol en rijk en bevredigend is, op manieren waarop de ervaringen van de wereld dat nooit zijn geweest? Wat als jij en deze ruimte hetzelfde zijn?

Oefening: *Lees nog eens de laatste alinea door terwijl je diep in je hart rust. Pak telkens één vraag tegelijk op en houd de vraag in je gewaarzijn terwijl je dieper afdaalt in de wijdte van je zijn. Maak je er niet druk over of je een antwoord krijgt en probeer eventueel opkomende antwoorden niet vast te houden. De vragen zelf zullen je meer en meer van de waarheid van je aard onthullen.*

WAT GEBEURT HIER

Zoals elk goed avontuur kan deze verkenning van je aard je terugbrengen naar waar je vertrokken bent, maar nu met een getransformeerd en completer zicht. Waar je vertrekt en waar je eindigt, is altijd in wat je werkelijk bent: gewaar zijnde ruimte. Welkom thuis.

het is hier
in je ademhaling
het is hier
in de stilte tussen ademhalingen

het is hier
in je actieve geest
het is hier
in je rustende geest

het is hier
in het panorama van je droom
het is hier
in elk moment van je ontwaken

het is hier
wanneer alles goed gaat
het is hier
wanneer angst niets meer te vrezen heeft

zelfs dan
is er puur opmerken
zelfs dan
is doen niet nodig

geen verwoed zoeken
kan het evidente vinden
geen zoeken is nodig
om te vinden wat zoekt

het is hier
waar het nooit verloren of gevonden kan worden

Deel 2

DE WIJSHEID VAN HET HART

De wijsheid van het hart

De waarheid is datgene wat heartfulness ontsluit. De capaciteit om de waarheid waar te nemen is iets wat we allemaal al bezitten. Allemaal hebben we een hart dat ons al accuraat laat zien hoe waar dingen zijn.

Alles wat je in contact brengt met meer van de waarheid, opent je hart. Dit is een letterlijke en empirische beschrijving van waarheid. Wanneer je ervaring je meer waarheid brengt, ervaar je in je hart een opengaan, verzachting, ontspanning, verruiming, vervulling en bevrediging. Dit kun je het meest direct waarnemen in het centrum van je borst, maar het hart van al het zijn is oneindig en zodoende veel groter dan je totale lichaam. Oftewel: dit opengaan en deze verzachting en verruiming voltrekken zich feitelijk overal. Alleen ervaren we het duidelijker en directer in het centrum van onze borst.

Wanneer je waarheid ervaart, opent je zelfervaring zich. Deze ervaring verruimt zich, verzacht, vult op en laat los. De ik, de ervaring van jezelf, voelt niet langer zo beperkt of klein. De ik wordt completer en grenzelozer. De grenzen verzachten en lossen zich op en enig gevoel van onvolkomenheid, beperking of tekortkoming neemt af of verdwijnt zelfs geheel.

In contact staan met meer van de waarheid heeft als neveneffect dat je geest kalmeert, omdat je simpelweg minder hebt om over na te denken. Zelfs de wetenschap van een eenvoudige waarheid, zoals waar je autosleutels zijn, geeft je minder om over na te denken. En wanneer je bij een echt grote waarheid uitkomt, verstilt je geest zelfs nog meer, zoals wanneer je voor de eerste keer de zee ziet: de waarheid of werkelijkheid die je waarneemt, is dermate kolossaal dat je geest, toch minstens voor even, verstomt en heel rustig wordt.

Wanneer je ervaring daarentegen versmalt tot een minder wijde ervaring van de waarheid en werkelijkheid, vernauwt je hart zich. Je zelfervaring krimpt en verhardt en voelt incompleet, begrensd en beperkt. Je kunt het gevoel hebben klein, inadequaat of onwaardig te zijn. De kleinheid van de waarheid wordt weerspiegeld in de kleinheid van je zelfervaring. Het gevolg van minder in contact staan met de waarheid is dat je geest zijn activiteit opvoert in een poging om uit te zoeken wat waar is.

Gelukkig verkleint of vernauwt je zijn nooit – alleen je ervaring van jezelf doet dat. Als je je zicht op de hele kamer blokkeert door je ogen gedeeltelijk te bedekken, verkleint dat je ervaring van de kamer, maar natuurlijk zonder dat de kamer zelf daadwerkelijk kleiner wordt. Op dezelfde manier wordt een idee of overtuiging die niet erg waar is, weerspiegeld in een kleine zelfervaring, zonder dat het daadwerkelijk je zijn beperkt of vernauwt.

Dit opengaan en sluiten van het hart als reactie op de mate van waarheid die je ervaart, is niet iets wat je hoeft te oefenen of te vervolmaken. Je hart laat je al vanaf het allereerste begin accuraat en perfect zien hoe waar je ervaring is. Als je het opengaan en sluiten van je hart begint op te merken, zul je ontdekken dat je al over alles beschikt wat je nodig hebt om te bepalen wat waar is. Het hart is onze ware innerlijke leraar, de bron van innerlijke leiding waarmee we allemaal geboren zijn. Je hebt geen spirituele leraar of boeken nodig om je te laten zien wat waar is. Je eigen hart volstaat.

Oefening: *Neem even de tijd om je hart waar te nemen. Naar je hart afdalen kan je helpen om meer in contact te komen met wat zich daar afspeelt. Merk op of je hart nogal vernauwd of betrekkelijk open voelt. In beide gevallen werkt je hart perfect om je de mate van waarheid te laten zien die je op dit moment ervaart. Merk ook op of je hart zich op dit moment verruimt of vernauwt. De verandering kan heel subtiel zijn, maar je kunt ook een tamelijk radicale vernauwing of ontspanning voelen. Mogelijk merk je op dat je hart continu fluctueert als reactie op elke gedachte, elk gevoel en verlangen en elke ervaring die in je gewaarzijn opkomt. Je hart kan onmogelijk op een verkeerde manier reageren. Het toont je altijd de relatieve waarheid van dit moment.*

Wat is de waarheid?

De waarheid is wat bestaat, wat er is in het hier en nu. Als wat bestaat ook waar is, is er dus slechts één waarheid. Wat er ook aanwezig is, is waar – maar in wisselende mate. Er is geen daadwerkelijke substantie of energie die duisternis is; het is slechts een kwestie van wisselende hoeveelheden lichtenergie of fotonen. Zo is er ook geen onwaarheid of waarheid: er zijn slechts wisselende maten van waarheid.

We ervaren altijd de waarheid. Maar omdat we niet in elk moment alles ervaren, is onze ervaring van de waarheid altijd beperkt. Soms ervaren we een grote hoeveelheid waarheid – van wat daadwerkelijk hier is – en andere keren ervaren we slechts een kleine hoeveelheid van wat er werkelijk gebeurt, of wat waar is. De openheid of het gebrek aan openheid van ons hart, zoals dat van moment tot moment wisselt, is wat ons laat zien hoeveel we van de waarheid ervaren op elk moment.

Hoe zit het met foutieve ideeën? Een idee of overtuiging die niet tot nauwelijks correspondeert met de externe werkelijkheid zal een extreem kleine waarheid zijn, zo klein dat deze uitsluitend zou kunnen bestaan in de geest van één persoon, zoals het gezegde 'hij dacht slim te zijn' uitdrukt. Bij een onjuist idee of valse overtuiging trekt je hart gepast samen om je te tonen dat het een kleine en onbetekenende waarheid is.

Stel je bijvoorbeeld eens voor dat je het idee hebt dat je nooit gelukkig zult zijn, tenzij je tien miljoen euro bezit. Je hart zal gepast samentrekken om je te tonen dat het slechts een idee is. Deze samentrekking kan zich heel snel voltrekken, zo vlug dat je er geen ongemak of problemen van ondervindt. Maar als je dit echt gelooft, zal je zelfervaring vernauwen voor zolang als je dat idee vasthoudt.

Oefening: *Sta even stil bij een beperkende gedachte, zoals: ik zal nooit voldoende tijd hebben. Let op hoe je hart daarop* *reageert. Laat de gedachte het toe dat je ontspant en bent, of vereist puur het vasthouden ervan een zekere inspanning of samentrekking? Sta nu stil bij een andere gedachte die je bespottelijk vindt, omdat die zo onwaar is. Bijvoorbeeld: ik zal pas gelukkig zijn als ik president van de Verenigde Staten word. Merk op dat het zelfs onmogelijk voor je kan zijn om deze gedachte vast te houden. Misschien barst je wel in lachen uit. Veel moppen eindigen met een ridicule, onmogelijke waarheid (bijvoorbeeld: 'En toen zei de hond tegen zijn baasje: "Ik bedoel natuurlijk Van Hanegem in plaats van Cruijff"'), en door de kleinheid van de waarheid van de clou houd je ermee op het te geloven. Lachen is een fantastische verschuiving naar een wijder perspectief!*

Gedachten zijn werkelijk – ze bestaan. Maar ze bestaan alleen als ideeën. Je zou alle gedachten die ooit zijn gedacht, kunnen opstapelen en dan nog zou niemand erover struikelen. Ze bestaan slechts als neurale vuren in de hersenen. Je exclusief op gedachten focussen beperkt of vernauwt zodoende in hoge mate je ervaring van de werkelijkheid en dus van je zelfervaring.

In onze dagelijkse ervaring corresponderen onze ideeën in wisselende mate met de werkelijkheid. De ideeën die nauwer met de realiteit corresponderen, zullen onze zelfervaring niet zo lang samentrekken of beperken als de onjuiste. Veel van onze ideeën dienen ons vermogen om ons makkelijk door de wereld te bewegen. Wanneer je bijvoorbeeld ergens heen moet, stellen juiste ideeën over hoe je er komt, je in staat om er simpelweg heen te gaan, zodat je verder kunt met andere ervaringen. Dergelijke ideeën kunnen onze ervaring bevorderen, in plaats van deze te beperken of te vernauwen.

Een idee over waar iets zich bevindt is, uiteraard, geen bijster grote waarheid, maar wordt gewoonlijk ook niet ervaren als beperkend.

De capaciteit van heartfulness om je de waarheid te tonen

Het enige wat bestaat, is waarheid en dankzij de capaciteit van ons hart om de mate van waarheid in alle ervaringen te weerspiegelen zijn we in staat om te herkennen hoe waar een specifieke ervaring is.

Wat is dit hart precies? Wat is deze zelfervaring, die er altijd is? Dit hart staat niet gelijk aan gewaarwordingen in het fysieke hart of de borst. Het is een subtielere ervaring, soms zelfs subtieler dan de lichamelijke zintuigen, hoewel we het opengaan of samentrekken ook kunnen ervaren als ontspanning of vernauwing in ons fysieke lichaam. Je zelfervaring, de ervaring dat je bestaat, is iets intiemers dan je lichamelijke ervaring.

Wat betekent het wanneer je 'ik' zegt? Waar verwijs je naar wanneer je 'ik' zegt? Dit eenvoudige feit dat we hier zijn, dat we bestaan, is een ontzettend raadselachtig aspect van onze ervaring. Wanneer we er poëtisch over spreken in een poging om de essentie ervan te vatten, noemen we dit ik het hart. Zoals wanneer je iets in je hart weet of wanneer je geraakt bent in je hart.

Deze zelfervaring is een uiterst levendige en constant wisselende dynamiek. Sommige keren ervaar je je ik als open, vrij stromend en verruimd. Andere keren, bijvoorbeeld wanneer er een oordeel opkomt, voelt het klein, ontoereikend en tekortkomend. Maar ben je op dit soort momenten daadwerkelijk anders? Is je lichaam ineens gekrompen? Het grootste deel van de tijd is je ik-ervaring groter of kleiner dan je fysieke lichaam. Hoe zit dat in elkaar? Heb je ooit je innerlijke kind ervaren? Hoe kan je ik zo klein zijn als een kind terwijl je volwassen bent?

De ervaring van ik, de zelfervaring, verschuift onafgebroken. Deze is continu ofwel aan het opengaan en verruimen of aan het samentrekken en vernauwen. Vergelijk het met het uitzetten en samentrekken van onze ademhaling.

Oefening: *Sta stil bij het idee dat het beter is om slanker of mooier of jonger te zijn dan je bent. Let op wat er hierdoor gebeurt met je zelfervaring. Gaat je hart open en verzacht en verruimt het? Laat dit idee je simpelweg zijn? Of vernauwt en beperkt het de stroom van je ervaring?*

Let nu, ter vergelijking, op wat er met je zelfervaring gebeurt als je het idee voor ogen houdt dat je perfect bent zoals je bent. Het kan moeilijk zijn om bij dit idee stil te staan zonder dat er andere gedachten worden losgemaakt, zoals: Maar ik ben niet echt goed genoeg! Als dit gebeurt, zal je hart je tonen hoe waar deze respons is – niet hoe waar het oorspronkelijke idee is dat je perfect bent.

Experimenteer: kijk of je het idee kunt vasthouden dat je helemaal perfect bent precies zoals je bent. Let op wat er nu in je hart gebeurt. Gaat je hart open en verzacht en verruimt het bij dit idee? Laat het je gewoon zijn? Of vernauwt en beperkt het de stroom van je ervaring? In de meeste gevallen laat het idee dat we perfect zijn precies zoals we zijn, het toe dat we onszelf met groter gemak en voller ervaren.

Het idee dat het beter is om slanker, mooier of jonger te zijn dan je bent, is domweg een kleinere waarheid dan het idee dat je volmaakt bent zoals je bent. Zelfs als je mooi, slank of jong bént, kan het idee dat het beter is om zo te zijn je zelfervaring beperken. Als het beter is om zo te zijn, kun je dan nog gewoon ontspannen en zijn – of moet je iets doen om zo te blijven?

Nu neutrale ideeën. Een neutraal idee dat niets over je verklaart of impliceert, kun je in je zelfervaring precies zo beleven: neutraal. Stel dat je stilstaat bij de kleur van het plafond in het huis van iemand anders. Gewoonlijk zal dit je hart niet openen en ook niet sluiten, omdat het niet over jou gaat en het waarschijnlijk helemaal niets over jou impliceert. Je zelfervaring verschuift niet als reactie op dit soort neutrale ideeën.

Dit openen en sluiten van het hart is geen prescriptie – iets waarin je je moet oefenen –, maar gewoon een descriptie van wat je hart al je leven lang doet. Wat er van moment tot moment ook mag gebeuren met je zelfervaring – het is volkomen juist en gepast. Het is voor je hart gepast om te sluiten wanneer iemand je een kleine, beperkende leugen vertelt, en het is voor je hart gepast om open te gaan wanneer je een diepe en betekenisvolle werkelijkheid ervaart.

Heartfulness is snel

Je hart is ongelooflijk snel. Het weet op slag hoe waar iets is en opent of sluit zich in evenredige mate daaraan. Het is zo vlug dat het nooit echt ergens neerstrijkt. Het is altijd ofwel aan het ontsluiten of aan het sluiten als reactie op wat er van moment tot moment gebeurt.

Als nu een gedachte een andere gedachte losmaakt, weerspiegelt je hart zodoende de relatieve waarheid van de losgemaakte gedachte, niet van de oorspronkelijke. En als deze opgewekte gedacht weer een volgende losmaakt, weerspiegelt je hart hoe waar de laatste gedachte is. De openheid van je hart kan razendsnel veranderen, even snel als je een volgende gedachte kunt denken!

Ik werkte eens met een vrouw die er moeite mee had om tijd voor zichzelf te nemen. Ik vroeg haar in haar hart na te gaan hoe waar het is dat het prima is om tijd voor zichzelf te nemen. Ze sloot kort haar ogen, en toen ik haar vroeg wat er gebeurd was, vertelde ze dat ze een intense samentrekking had gevoeld. Dat verbaasde me en ik vroeg haar daarom precies te vertellen wat ze ervaren had. Ze zei dat ze had gedacht: Het is in orde om tijd voor mezelf te nemen. Maar ze had direct daarop besloten dat dit zelfzuchtig zou zijn, waardoor haar hart samentrok. Haar hart had haar getoond hoe waar het was dat het zelfzuchtig zou zijn om tijd voor zichzelf te nemen. Het weerspiegelde niet langer de waarheid van het idee dat het in orde is om tijd voor zichzelf te nemen.

Met ons gebruikelijke snelvuurdenken kan het moeilijk uit te maken zijn waarop je hart nu precies reageert. Wanneer je in je hart verifieert hoe waar iets is, helpt het daarom om het rustig aan te doen en alle gedachten of mogelijkheden stuk voor stuk te bekijken.

Oefening: *Sta even stil bij een situatie in je leven. Let op of er vertrouwde of terugkerende gedachten over die situatie bij je opkomen. Kies een van de centrale ideeën, overtuigingen, meningen of houdingen uit die je over de situatie hebt of over* *iemand of iets in verband ermee. Houd nu die gedachte gewoon in je gewaarzijn, zonder er iets mee te doen. Herhaal de gedachte een paar keer voor jezelf en let ondertussen op wat er in je hart gebeurt. Opent je hart zich en verzacht het, of begint er een zekere vernauwing of hardheid in te treden in je gewaarzijn? Oordeel er niet over! In beide gevallen werkt je hart immers perfect om je te laten zien hoe waar de gedachte is.*

Kijk of je die ene eenvoudige gedachte even kunt vasthouden, bijna zoals een kind dat volledig opgaat in waar het naar kijkt. Een gedachte kort vasthouden geeft je een helderder beeld van de relatieve waarheid van die gedachte op basis van hoe je hart erop reageert terwijl je je er volledig op concentreert.

Als je geest afdwaalt en er volgende gedachten opkomen, of je zelfs een compleet gesprek met jezelf voert over de situatie, is dat prima. Merk slechts op dat je hart mee bewogen is met je gedachten en dat het je nu de waarheid toont van de gedachte die je op dit moment hebt.

De rol van oordelen

Niet alleen kan een initiële gedachte of ervaring volgende gedachten losmaken, het openen of sluiten van je hart kan ook zelf een idee of oordeel opwekken, dat vervolgens tot het verder sluiten van het hart leidt en tot een zelfervaring dat je beperkt of klein bent. Als je spiritueel zoekende bent en tot de overtuiging bent gekomen dat het beter is dat je hart open is in plaats van gesloten, kan een plotselinge samentrekking van je zelfervaring een volgend oordeel losmaken dat samenhangt met de wens niet vernauwd te zijn. Dat sluit het hart dan zelfs nog verder. Test het zelf:

Oefening: *Denk aan het idee dat je je niet samengetrokken zou moeten voelen. Opent je hart zich hierbij? Laat dat idee je gewoon zijn? Of vernauwt en beperkt het je zelfervaring? Het idee dat je je niet samengetrokken zou moeten voelen, is een beperkend idee en geeft doorgaans een vernauwd of beperkt gevoel, omdat het doodgewoon niet erg waar is.*

In deze kringloop van oordelen zit een zekere logica, ook al is het eindresultaat een beperkte zelfervaring: wanneer je zelfervaring samentrekt, trekt ook je gewaarzijn samen en wordt beperkt. Tegelijkertijd neemt je niet-gewaarzijn toe. Met een gereduceerd gewaarzijnsveld ligt de rest van de werkelijkheid op dit moment buiten je gewaarzijn. De logica van oordelen berust op dit eenvoudige effect. Als gevolg van een oordeel ben je je ervaring minder gewaar en heb je tijdelijk ook minder zicht op het initiële ongemak dat het oordeel losmaakte. Dat verschaft een zekere mate van verlichting. De logica van oordelen berust op deze tijdelijke verlichting die de reductie van je gewaarzijn geeft.

Het zwakke punt in deze logica is echter dat nu die vernauwing van je gewaarzijn gehandhaafd moet worden, want anders neem je het initiële ongemak weer waar. Een vernauwing handhaven is op zichzelf ongemakkelijk. Maak maar eens een stevige vuist en probeer het enkele tellen vol te houden. Het zal al snel ongemakkelijk beginnen te voelen. Wanneer je je gewaarzijn samengetrokken houdt om ongemakkelijke gewaarwordingen te vermijden, leidt dat dus alleen maar tot meer ongemak.

Met een geactiveerde kringloop van oordelen blijven je zelfervaring en gewaarzijn zodoende kleiner worden

– uitgerekend door je pogingen om het almaar toenemend ongemak te vermijden dat precies dezelfde samentrekking van je zelfervaring en gewaarzijn veroorzaakt. Dit gaat vaak door tot het moment dat je uitgeput bent van de moeite die het kost om waakzaam te blijven tegenover je ongemak. En op dat moment laat je alle oordelen gewoon los.

Het goede nieuws is dat je zelfervaring zich van nature elke keer ontspant en opent wanneer je je zelfervaring niet samentrekt door kleine waarheden, zoals oordelen. Een open, wijde zelfervaring is de natuurlijke rusttoestand van je zijn, net zoals je spieren van nature langer worden en uitzetten als er geen enkele moeite wordt gedaan om ze samen te trekken. Wanneer een kringloop van oordelen je uitput, treedt er zodoende soms een diepe ontlading van je kleine zelfervaring en de samentrekking van je gewaarzijn op. In dit licht verbaast het niet dat veel momenten van verlichting en spirituele bewustwording plaatsvinden direct volgend op een extreem vernauwde en pijnlijke ervaring.

En er is nog meer goed nieuws: de neiging tot oordelen is niet jouw schuld. Het is je aangeleerd door degenen die je groot hebben gebracht; en hun is het weer aangeleerd door degenen die hen hebben grootgebracht. Ze deden dit omdat het de beste manier was die ze kenden voor het omgaan met hun eigen ongemak. Wanneer ouders geconfronteerd worden met het onbegrensde zijn van een tweejarige (en we weten allemaal hoe groot dat kan zijn), nemen ze vaak hun toevlucht tot het beste middel dat ze kennen om die tweejarige een beperktere zelfervaring te geven: oordelen.

Op den duur hebben we geleerd dit voor onszelf te

doen. We hebben geleerd om over onszelf te oordelen en er beperkende ideeën over onszelf op na te houden – dat allemaal om goed te kunnen opschieten met de mensen om ons heen, met name degenen die ons gekleed en gevoed hebben.

Oordelen is slechts een van de vele manieren waarop we onze ervaring van de waarheid en daardoor ook onze zelfervaring beperken. Andere boosdoeners zijn onze ideeën, overtuigingen, meningen, concepten, twijfels, angsten, zorgen, hoop, dromen, verlangens en onze gebruikelijke kennis. Oordelen is louter een van de effectievere manieren om onze zelfervaring te beperken, omdat het altijd iets beperkends over het zelf impliceert.

Oefening: *Stel een lijst op van een aantal van de oordelen die je over jezelf, je leven en anderen hebt. Kies oordelen uit die je werkelijk gelooft. Lees je lijst nu een paar keer door en let op wat er met je zelfervaring gebeurt terwijl je dit doet. Geven deze oordelen je een ervaring van jezelf als een bijzonder iemand, iemand die een zeer bepaald perspectief op het leven heeft? Voel je je meer verbonden met anderen en met de wereld, of voel je je meer gescheiden en losstaan van de wereld? De gescheiden zelfervaring kan superieur voelen, omdat deze de juiste oordelen heeft. Maar dan nog: hoe groot of open en ontspannen is je zelfervaring wanneer je deze oordelen hebt?*

Deze geïmpliceerde iemand in al je oordelen is altijd iemand die klein is, iemand die beperkt en daardoor kwetsbaar voor iets slechts is of die het nodig heeft om zich superieur te voelen of dat er iets goeds gebeurt om zich beter te voelen of zelfs te overleven. De ultieme waarheid is dat je onbegrensd bent. Geen enkele ervaring kan ooit je zijn schaden of baten. Slechts een kleiner (minder waar) idee van jezelf kan geschaad lijken te worden of er baat van lijken te ondervinden.

Positieve oordelen

Wat er is gezegd over negatieve oordelen gaat ook op voor positieve. Wanneer een bepaalde ervaring een positief oordeel losmaakt, trekt onze zelfervaring net zozeer samen als bij een negatief oordeel. Neem zelf de proef op de som:

Oefening: *Denk aan iets waarover je een heel sterk positief oordeel hebt, zoals je lievelingsfilm of een prestatie waarop je erg trots bent. Let op wat er met je zelfervaring gebeurt wanneer je hier een positieve gedachte over hebt. Je denkt bijvoorbeeld: Fantastisch! Dit is prachtig – daar zullen mijn vrienden van opkijken! Observeer wat deze gedachte met je zelfervaring doet. Sta niet verbaasd als je vaststelt dat je hart niet meer zo open is als vóór het positieve oordeel. Van een grote waarheid ontspan je, en die laat je gewoon zijn zoals je bent en veranderen zoals dit van nature plaatsvindt. Een positief idee over jezelf impliceert daarentegen dat je, om perfect te zijn, moet doorgaan met op een bepaalde manier te zijn.*

Zelfs in positieve oordelen zit een idee over jezelf geïmpliceerd als iemand die beperkt is – iemand voor wie goede dingen moeten gebeuren opdat hij in orde is en zich toereikend voelt. Begrijp me goed: met goede gebeurtenissen is niets mis. Alleen zijn zelfs je positieve oordelen gebaseerd op kleine waarheden die op een klein idee van jezelf berusten. Je hart trekt bij een kleine positieve waarheid net zo goed samen als bij een kleine negatieve waarheid.

 Gelukkig hoef je aan een kleine waarheid niets meer te doen dan te onderkennen dat die klein is. Bovendien kunnen zelfs kleine waarheden nuttig zijn. Het is dus niet nodig om te proberen ervan af te komen, wat niet eens zal lukken. Inzien dat ze klein zijn, stelt ze direct in perspectief. Wanneer ze dan vervolgens opkomen, neem je ze waar als onbeduidend. Je kunt ze nog steeds denken, maar hoe vaak ze ook de kop opsteken, je herkent ze als betrekkelijk onbelangrijk.

 Vermoedelijk heb je zelf al eens ervaren dat een grotere waarheid een kleinere waarheid terzijde schuift of in perspectief stelt. Stel bijvoorbeeld dat bij jezelf of een dierbare een levensbedreigende ziekte wordt gediagnosticeerd. Dan is meteen duidelijk wat er echt toe doet. Door de waarheid, of realiteit, van een plotseling sterven komen veel andere waarheden in vergelijking daarmee voor als klein en onbetekenend.

 Om je ervaring in perspectief te stellen hoef je niet te wachten tot een grote waarheid je treft of wat dan ook. Observeer eenvoudig hoe waar elke gedachte is. Ervaringen zijn er in allerlei soorten en maten. Voortdurend fluctueert de mate van waarheid die je ervaart; deze neemt af en toe. Van nature ben je in staat om te onderscheiden hoe waar het telkens is. Je kunt bepalen of iets echt belangrijk is door gewoon te letten op de inhoud van je gedachte en de zelfervaring waarin die resulteert. Als je zelfervaring, je hart, erdoor opengaat en ontspant, is de gedachte werkelijk belangrijk. Als je zelfervaring, of je hart, erdoor samentrekt of beperkt wordt, is de gedachte dat niet.

Alle waarheid is relatief

Waarheid is het enige wat er is. Toch is onze ervaring van waarheid, of de werkelijkheid, altijd gedeeltelijk. Op dit moment is je gezichtsveld slechts gedeeltelijk. Je kunt alleen zien wat zich voor je bevindt, niet wat zich achter je bevindt. Zo toont je hart je ook altijd de mate van waarheid van de ervaringen die je van moment tot moment hebt.

Je zicht of reikwijdte van ervaring is onafgebroken aan het opengaan of aan het sluiten. Je vult de leemten in je ervaring op of vergeet of negeert delen daarvan. Elke keer als je je op een specifiek aspect van je ervaring concentreert, houd je er noodzakelijkerwijs mee op andere aspecten op te merken. Elk perspectief op zich is daardoor ofwel kleiner en beperkter of groter en vollediger dan een ander perspectief ofwel ruwweg in dezelfde mate compleet .

De mate van openheid van je zelfervaring is altijd relatief. Omdat waarheid altijd relatief is, kan je hart op om het even welke waarheid reageren met opengaan of sluiten. Zelfs een kleine ervaring van de waarheid kan groter zijn dan de ervaring die je net had en je zult deze dan ervaren als een opengaan of ontspanning in je hart. Omgekeerd kan een tamelijk grote waarheid als beperkend voelen als je deze tegemoet treedt vanuit een zelfs nog grotere, wijdere ervaring.

Stel bijvoorbeeld dat je het grootste deel van je leven aandacht hebt geschonken aan je gedachten en ideeën. Dan zal de eerste keer dat je in contact komt met je emoties gewaarzijnsverruimend voor je zijn. Je zult het gevoel hebben alsof je een nieuwe, rijke dimensie van je zijn hebt ontdekt.

Maar stel nu dat je veel zelfs nog grotere ervaringen van veel meer verruimde zijnstoestanden hebt gehad, mogelijk door spirituele beoefening. Als je van hieruit in een sterke emotie als woede, verdriet of opwinding komt, ervaar je dat mogelijk als een vernauwing of reductie van je zelfervaring. Dezelfde waarheid, dezelfde ervaring van emotie, kan dus verschillend uitwerken op je hart. Het kan erdoor opengaan of sluiten. Het hangt puur af vanwaar je in de emotie komt en tevens van hoe open of gesloten je zelfervaring grofweg is.

Het verschil tussen twee ervaringen met een zelfde mate van waarheid kan gering of onvoorstelbaar immens zijn. De ware dimensies van je zijn kennen geen grenzen. Je bent alles en wanneer je deze compleetheid rechtstreeks ervaart, kan je zelfervaring even kolossaal en grenzeloos zijn.

Je volmaakte wijsheid

Je hart is het meest wijze wat er in het universum is. Je zelfervaring is altijd volmaakt en toont je zeer nauwkeurig hoe waar dingen zijn, hoe volledig je perspectief op elk moment is. Zelfs wanneer je hart vernauwd is vanwege een bepaald, diep geconditioneerd idee dat je erop nahoudt, is het gepast en zeer zorgvuldig in zijn contractie.

Niemand bezit een grotere of een kleinere capaciteit om uit te maken hoe waar dingen zijn dan jij. Niemand is wijzer dan jij, en niemand is minder wijs dan jij. Omdat niemand anders je individuele perspectief kan ervaren, kan niemand ooit meer deskundig over jouw ervaring zijn dan jijzelf. Net zo min als een ander je ontbijt voor jou kan eten en verteren, kunnen anderen jouw perspectief op de waarheid van moment tot moment ervaren en verteren.

Als geen enkel hart ook maar iets wijzer is dan welk ander ook, dan komt dat mogelijk, doordat er slechts één hart is dat via vele lichamen functioneert. En toch heeft geen van deze specifieke expressies eigendomsrechten op dit ene hart. Wat je bent, is dit ene hart van zijn.

Omdat we allemaal even begiftigd zijn met de wijsheid van het hart, is het niet nodig om onze eigen autoriteit weg te geven aan een ander. Niets kan beter uitmaken hoe waar iets op dit moment voor jou is, dan je eigen hart.

Bovendien zijn de gedachten die samentrekking veroorzaken niet jouw schuld. Je gedachten en overtuigingen zijn op je overgedragen door anderen, die ze weer van anderen leerden. Als je elke geconditioneerde gedachte of reactie traceert tot de bron ervan, zul je ontdekken dat alle beperkende overtuigingen en ideeën door ons allemaal worden gedeeld. Als ze al iemand te verwijten zijn, dan is het ons allemaal samen. Je zou het ook zo kunnen zeggen: het totale zijn is de bron van alles, zelfs van de beperkte manieren waarover we beschikken om dat zijn te ervaren.

Met dit inzicht bestaat de mogelijkheid om eenvoudig je hart te vertrouwen, ongeacht hoe groot of klein de waarheid is die je ervaart. Je kunt je hart vertrouwen wanneer het opengaat en je kunt het vertrouwen wanneer het sluit. Je hart is het meest wijze en betrouwbaarste wat er is. Volgens de diepste spirituele tradities huist de ware leraar, of *satgoeroe*, in ieder van ons. Je ware leraar is dit sensitieve en accurate hart, dat zich verruimt en samentrekt wanneer het de eindeloze plooiing en ontplooiing van het leven ervaart.

De wijsheid van heartfulness toepassen

Omdat het hart zo snel reageert op wat er nu op dit moment gebeurt... en nu... en nu... helpt het om het rustiger aan te doen en telkens naar slechts één gedachte of reactie tegelijk te kijken. Zo kom je te weten hoe waar het is. Je kunt meer genieten van een maaltijd als je je elk hapje op zich laat smaken. Zo is het ook mogelijk om tijd te nemen om een gedachte die opkomt ten volle te ervaren.

Laten we bijvoorbeeld aannemen dat je je een teleurstellende ervaring herinnert. Daarop komt de volgende gedachte op: Mijn leven zal nooit goed genoeg zijn. Ga nu niet overhaast zitten peinzen over alle manieren waarop dat wel of niet waar is. Verdedig je evenmin met redenen waarom het niet waar is. Neem in plaats daarvan kort de tijd om direct te voelen hoe deze gedachte op je zelfervaring inwerkt. Wanneer je eenmaal voor jezelf weet hoe waar de gedachte op zichzelf is, kan het hart uitkristalliseren dat de gedachte niet compleet waar en ook niet compleet onwaar is. Als je de gedachte rechtstreeks als een relatief kleine waarheid over je leven ervaart, hoeft het niet eens nodig te zijn om je ertegen te verdedigen met een tegengestelde gedachte. Als je op deze manier uitmaakt hoe waar een initiële gedachte is, kan dat het belang van alle eventueel volgende gedachten reduceren.

Je kunt de waarheidonderscheidende capaciteit van je hart op nog een andere praktische manier verkennen en benutten: door heartfulness te gebruiken wanneer je een keus maakt. Daardoor kun je uitmaken welke optie het meest waar is. Bedenk wel dat met betrekking tot relatieve keuzes (bijvoorbeeld wat je gaat doen of eten, waar je gaat wonen, met wie je gaat trouwen) de verschillen in je hart miniem kunnen zijn. Vanuit het ultieme perspectief kunnen de praktische keuzes die we in het leven maken, niet zo belangrijk zijn. Het kan daarom even duren voordat je zorgvuldig de verschillen in de waarheid van verschillende opties leert onderscheiden. Maar net zoals een wijnkenner de subtielste verschillen in smaak kan leren onderscheiden, zo kun jij leren om zelfs minuscule verschillen waar te nemen in hoe waar de ene keus is ten opzichte van de andere.

Wanneer je heartfulness gebruikt om de waarheid over een keus te bepalen, helpt het om stil te staan bij zoveel mogelijk keuzes. De meest ware kan ergens tussen de mogelijkheden die je hebt overwogen in zitten, of kan iets totaal anders zijn. Zo worstelde een vriendin met deze keus: enerzijds verlangde ze ernaar om permanent in spirituele retraite te gaan, anderzijds wilde ze dolgraag bij haar man blijven. Geen van beide opties voelde volledig waar in haar hart. Toen ik opperde dat ze bij haar man kon blijven en toch langere perioden in retraite kon gaan, opende haar hart zich, omdat ze voelde dat dit de meest ware manier was om op beide verlangens te reageren.

Oefening: *Denk aan een keus die je in je leven overweegt. Het beste kun je iets uitkiezen waarover je een besluit moet nemen* *dat niet te belangrijk en te urgent is. Zo kun je je in alle rust helemaal overgeven aan het proces om de waarheid van je keuzes te vergelijken. Stel een lijst op van mogelijke keuzes die je kunt maken. Denk eraan er ook opties in op te nemen die ergens in het midden zitten of totaal verschillen van de twee eerste die bij je opkomen.*

Neem voor elke keus volop de tijd. Houd het idee dat je die keus maakt in gedachten en voel hoe je hart erop reageert. Houd het eenvoudig en stel je alleen voor dat je de keus hebt gemaakt. Laat alle verdere overwegingen, zoals voors en tegens en uitweidingen, voor wat ze zijn. Kijk of het overwegen van een specifieke optie ertoe leidt dat je je in je hart wijd en op je gemak voelt of dat je zelfervaring verengt. Je hart reageert zoals het reageert; goed of fout speelt hier geen enkele rol. Observeer slechts hoe het reageert.

Pak ook de gedachte op dat het niet uitmaakt wat je kiest. De grootste waarheid over je keuzes is in veel gevallen dat het er niet echt toe doet wat je kiest. Als dat het geval is, zal die gedachte of dat perspectief je de meeste ruimte bieden om gewoon te zijn en de grootste zelfervaring geven.

Bij het afwegen van de relatieve waarheid van mogelijke keuzes helpt het tot slot om in de loop van een zekere periode enkele keren naar je hart af te dalen. Wanneer je meerdere keren in je hart verifieert, resulteert dit, vooral bij grotere levenskeuzes, waarschijnlijk in een uitkomst die bevredigender is. Neem bijvoorbeeld de keus over een intieme relatie. Je wilt weten of daarmee doorgaan waar is. Direct na een ruzie zal de uitslag vermoedelijk anders zijn dan wanneer je partner je net met een cadeautje heeft verrast. Uitzoeken wat over een langere periode het meest waar is, levert een groter perspectief op dan slechts verifiëren wat nu op dit moment waar is.

Heartfulness is wijs en nauwkeurig en kan je tonen hoe waar het is om te blijven of te gaan, hoe waar het is om een huis te kopen, hoe waar het is om een nieuwe baan aan te nemen, zelfs hoe waar het is om nog een koekje te eten. Maar het kan je ook veel meer van de aan dit leven inherente mogelijkheden en veel meer van de waarheid van je zijn laten zien. In verhouding tot deze grotere waarheden kristalliseren de praktische vragen in je leven uit tot betrekkelijk kleine kwesties. heartfulness alleen gebruiken om dingen te weten te komen zoals wat je moet doen of waar je moet gaan wonen, is als een gps gebruiken om de weg van je slaapkamer naar je badkamer te vinden. Het benut slechts een klein deel van de capaciteit van je hart.

Je hart dag in dag uit volgen kan je daarentegen in contact brengen met de rijkdom van het functioneren van deze dimensie van je zijn. Onderweg merk je mogelijk ook dat je hart opengaat als reactie op de grotere waarheden en diepere bewegingen van je zijn zoals deze zich in je dagelijks leven aandienen.

Oefening: *Observeer een ogenblik of er hier vrede is. Maak je er verder niet druk over of er hier en nu veel of weinig van is. Kijk puur of je ook maar iets van vrede kunt waarnemen. Concentreer je nu op die vrede die hier onder de stroom van gedachten en gevoelens aanwezig is. Geef jezelf toestemming om de aard van vrede en de diepe stilte in die ervaring werkelijk gewaar te zijn. Observeer of je, terwijl je met je gewaarzijn bij vrede bent, aan de stilte in de kern van dit moment werkelijk ook maar enige grens kunt waarnemen. Maak je er niet druk* *over of je dit wel goed doet. Proef gewoon zoveel mogelijk van de vrede die nu hier is.*

Let nu op hoe je je zijn ervaart. Door je te focussen op vrede kan je zelfervaring zich dieper of slechts iets meer ontspannen en meer geopend hebben. Observeer of het je hart verzacht of verruimd heeft.

De vele maten van waarheid

De diepste en grootste waarheden zijn niet in woorden of taal te vatten. Hoewel woorden als richtingwijzers kunnen dienen, zal je hart zich het wijdst openen en zal je zelfervaring het meest compleet en vol voelen als je de uitgestrekte zijnsdimensies voorbij gedachten en overtuigingen direct ervaart. Zoals altijd is je eigen hart, je heartfulness, je waarachtigste gids voor deze grotere dimensies en mogelijkheden. De reden waarom je zelfervaring zich met een vollediger zicht op de waarheid verruimt, is echter dat je de waarheid bént. Je bent alles wat bestaat. Wanneer je meer van de waarheid ervaart, ervaar je meer van jezelf.

De waarheid is er in allerlei maten. Een van de primaire manieren waarop je een kleine zelfervaring creëert en in stand houdt, is door een sterke gerichtheid op denken. Van jongs af aan is ons geleerd na te denken, te conceptualiseren en dingen te benoemen. Met zoveel conditionering en aandrang om te denken zijn er maar heel weinig momenten waarop we geen gedachten hebben. Denken is een dermate dominerend onderdeel van onze ervaring van moment tot moment dat velen van ons grotendeels in ons hoofd leven.

Daarnaast koesteren we nog eens sterk bepaalde veronderstellingen en overtuigingen over de wereld en onszelf. Van veel daarvan zijn we ons niet eens bewust. Ook deze diepere stroom van denken creëert een kleine, gescheiden zelfervaring en houdt deze in stand. Als gevolg van al ons bewuste denken en onze onbewuste veronderstellingen en overtuigingen zijn wij ons over het algemeen slechts een heel klein deel van de werkelijkheid gewaar. Het meeste daarvan bestaat ook nog eens uitsluitend in ons hoofd.

Deze stuwkracht van kleine waarheden wordt weerspiegeld in een stuwkracht richting je kleine zelfervaring. Dit leidt tot de vraag wat je eraan kunt doen. Helaas is elk idee over wat je kunt doen alleen dat – een idee, weer een volgende gedachte. Wat echter wel mogelijk is, is de dominantie van denken in je ervaring simpelweg gewaar zijn. Dit gewaarzijn is niet echt iets wat je doet, omdat gewaarzijn een fundamentele kwaliteit is van wat je bent. Net zoals je niets hoeft te doen om schouders te hebben, hoef je op dit moment niets extra's te doen om gewaar te zijn – en je denken te observeren.

Oefening: *Hoe verloopt je denken op dit moment? Let niet alleen op de inhoud van je gedachten, maar ook op het ritme en de snelheid van je gedachten, het eb en de vloed van het denken. Waar komen gedachten vandaan en waar gaan ze heen? Wat gebeurt er als er een pauze tussen gedachten valt?*

Hoe wordt je zelfervaring beïnvloed door deze stroom van gedachten? Moet je denken om te zijn? Geeft denken je zelfervaring een vertrouwde kleinheid en een gevoel van begrensdheid? Voelt het ongemakkelijk om op dit moment iets niet te weten, geen gedachten te hebben?

Het gaat er hier puur om je denken en het effect daarvan op je zelfervaring te observeren. Elk idee om je ervaring te veranderen is weer een andere gedachte, die een soortgelijk effect op je zelfervaring zal sorteren. Waarom zou je niet eenvoudig onderzoeken wat denken met je doet? Ervaar zelf hoe waar elke gedachte is. Aan kleine waarheden is helemaal niets verkeerds – ze zijn gewoon klein. Wat als al je denken eigenlijk helemaal niet zoveel voorstelt? Wat als je denken doodgewoon geen erg grote houder voor de waarheid is? Denken kan slechts een kleine hoeveelheid van de waarheid bevatten.

Het is niet nodig om denken dan maar af te zweren. Wanneer je eenmaal ervaart dat denken geen erg grote houder voor de waarheid is, leidt dat vanzelf tot een volgende vraag: wat is er dan nog meer naast denken? Wat is er verder waar? Terwijl je je bewust wordt van de dominantie van denken en mogelijk zelfs de diepere stroom van onbewuste overtuigingen en veronderstellingen, begin je wellicht ook op te merken waarin gedachten ingebed zitten.

Daal af naar je hart en observeer de ruimte om je gedachten heen. Hoe verandert je zelfervaring als je naar je hart afdaalt?

De diepere stromen van denken

Veel overtuigingen en veronderstellingen modelleren en beperken onze ervaring van de waarheid en onszelf. Dat gebeurt zelfs wanneer we ze niet bewust denken. Ze zijn ideeën en concepten die we zo diep geloven dat we er niet eens vraagtekens bij plaatsen. Voorbeelden zijn 'het leven is kort' en 'er is nooit genoeg tijd'. Deze overtuigingen en veronderstellingen genereren bovendien andere gedachten, die de stuwkracht van ons denken alleen maar nog meer vergroten en ons hart, onze zelfervaring, klein en vernauwd houden.

Twee diepere stromen van denken in het bijzonder modelleren sterk je zelfervaring. De eerste is het geloof dat je leven een richting heeft. Gewoonlijk is deze richting op meer, andere of betere ervaringen georiënteerd. Soms kan de richting echter ook ingevuld worden met tegenovergestelde termen als 'niet minder', 'hetzelfde' of 'niet erger'. Dat maakt verder niet uit. In beide gevallen bestaat de diepe overtuiging dat het leven volgens een bepaalde lijn zou moeten verlopen of veranderen.

Uiteraard veranderen dingen, wat de hoop levend houdt dat ze zullen veranderen op de manier zoals je dat graag zou willen. Deze diepe veronderstelling dat dingen beter zouden kunnen of moeten zijn, impliceert een klein ik. De richting van deze veronderstelling berust op een referentiepunt: dingen zouden beter moeten zijn – voor jóu. Als dingen beter zouden moeten zijn voor jóu, moet het jóu aan iets ontbreken. Deze veronderstelling, en het denken dat deze voortbrengt, helpt een kleine, vernauwde zelfervaring in stand te houden, omdat deze veronderstelling precies dit referentiepunt impliceert: een klein ik.

De tweede, zelfs nog diepere en minder bewuste stroom van denken die een vernauwde zelfervaring in stand helpt te houden, is de veronderstelling dat de stoffelijke of materiële ervaring de meest werkelijke is. Deze veronderstelling wordt in een dermate brede kring 'beleden' dat men je voor gek zou kunnen uitmaken als je er een andere oriëntatie op na hield. Zelfs zeer sensitieve en spiritueel georiënteerde personen, die uitermate reële en diepe ervaringen van andere dimensies hebben gehad, worden door deze aanname vaak teruggetrokken naar het stoffelijke en daarmee naar een beperktere ervaring van de waarheid en hun eigen zijn.

Naast het puur stoffelijke zitten er nog veel meer dimensies aan de werkelijkheid, en als mens omvat je ervaring al deze dimensies. Zo zijn er de dimensies van denken, emotie en intuïtie. Daarnaast zijn er dimensies van pure aanwezigheid en ruimtelijk zijn. Veel van deze dimensies zijn werkelijker dan de stoffelijke werkelijkheid al is. Ervaringen van deze transcendente realiteit geven je een transcendente zelfervaring, die veel voller en completer is dan je pure stoffelijke zelfervaring.

De gedachte dat je je lichaam bent

Het idee dat je leven beter zou kunnen of moeten zijn en het idee dat de stoffelijke werkelijkheid de meest werkelijke is, voeden een zelfs nog fundamentelere vooronderstelling: dat je je lichaam bent. Je zelfervaring, en daarmee je ervaring van je zijn, wordt heel vaak gemodelleerd en beperkt door je vereenzelviging met je lichaam. Deze oriëntatie gaat gepaard met de haast continue vraag: hoe vergaat het mijn lichaam? Is het op dit moment beter, prettiger of minstens toch minder pijnlijk voor mijn lichaam? Deze lichaamsgerichtheid is niet slecht, maar resulteert in een beperkte ervaring van de werkelijkheid en jezelf. Het is alsof je op televisie naar slechts één zender kijkt: het is iets, maar het is beperkt.

Deze beperking kan doorwerken in alles wat je ervaart. Als je je concentreert op hoe het je lichamelijk vergaat, zie je mogelijk enkele van de rijkste en diepste mogelijkheden in het leven over het hoofd. De grootste waarheden zouden zelfs niet bijster aangenaam kunnen zijn voor je lichaam. Intense toestanden van liefde en gelukzaligheid kunnen in een zuiver lichamelijk perspectief slopend zijn. De diepste realisaties van de aard van je zijn kunnen dermate uitgestrekt en expansief zijn dat het kan voelen alsof je vereenzelviging met je lichaam ermee sterft.

Vragen wat je aan deze beperking kunt doen, zal het alleen maar versterken. Er bestaat nog een andere aanpak: je kunt het gevoel van beperking verkennen dat je gewaarzijn en hart ervaren wanneer je je met je lichaam vereenzelvigt.

Oefening: *Hoe is het om op dit moment te geloven dat je je lichaam bent? Opent en ontspant je hart zich door deze overtuiging? Of resulteert het in een kleine zelfervaring? Er is niets mis met kleine waarheden; ze zijn alleen niet erg volledig. Je hoeft kleine waarheden niet overboord te zetten of te veranderen. Het volstaat al om in te zien dat ze kleine waarheden zijn.*

Het inzicht dat vereenzelviging met het lichaam incompleet is, wekt vaak een grotere nieuwsgierigheid: wat is er nog meer waar aan mij? Ben ik meer dan mijn lichaam? Wat voor zenders zitten er nog meer op deze televisie die ik mijn leven noem? Wat is er nog meer aan de hand in dit leven?

Het ik-besef

Onder de veronderstelling dat je je lichaam bent gaat een zelfs nog diepere aanname schuil. Het idee dat je je lichaam bent, steunt op de veronderstelling dat 'jij' bestaat, dat je een 'ik' bent – een afzonderlijk, individueel zelf. Je intiemste zelfervaring is dikwijls dit besef van 'ik', dat een beperkte en incomplete ervaring van jezelf inhoudt. Het incorporeert niet de verre oorden en streken van je grotere zijn. Dit besef van een gescheiden 'ik' is niet slecht of fout; het is alleen beperkt en onvolledig.

Midden in een zeer diepe en grote ervaring van de waarheid kan je zelfervaring zo groot en inclusief worden dat deze er niet langer nog veel besef van heeft dat je 'ik' bent. Wanneer je ontwaakt in de eenheid van alles wat er is, kan het besef van een 'ik' nagenoeg geheel vervluchtigen. Als je de bank waarop je zit bént, en de wolken aan de hemel en al het andere, is het simpelweg niet logisch meer om het allemaal 'ik' te noemen. Als het zoveel meer omvat dan waar je jezelf gewoonlijk voor houdt, is de term 'ik' gewoon te klein.

In een diepe ervaring van de waarheid verzacht en verruimt het besef van 'ik' in een dusdanige mate dat er nog slechts een flauwe notie rest van 'ik' als een afzonderlijk zelf, misschien als niet meer dan de waarnemer van de uitgestrektheid van de waarheid. Voorbij deze diepe ervaringen van de waarheid kom je in de waarheid zelf. Wanneer je in contact staat met de ultieme waarheid en de meest complete ervaring van zijn, rest er niets afzonderlijks meer om te ervaren – er is geen ervaring meer en niemand die ervaart, geen hart, geen zelfervaring. Er is slechts zijn.

De ervaring van grotere waarheden en zelfs de grootste waarheid maakt nog geen einde aan je capaciteit om een kleine waarheid en daarmee een afzonderlijk zelf te ervaren. Maar doordat je zo vaak op je kleine zelfervaring overschakelt en deze weer verlaat, voelt dit afzonderlijk zelf meer als een pak dat je aan en uit kunt trekken dan als iets permanents. Je gaat vele dimensies van zijn binnen en verlaat ze weer, en beweegt je zelfs voorbij de ervaring zelf, en daardoor worden de grenzen tussen al deze dimensies in hoge mate doorlaatbaar en onbeduidend. Het blijkt dat deze grenzen sowieso slechts gedachten zijn. Feitelijk scheiden ze helemaal niets.

De vraag luidt niet hoe je van een kleine zelfervaring afkomt, maar hoe je jezelf ervaart. Is je zelfervaring voortdurend gelijk of verandert deze aan een stuk door? Opent en sluit deze zich? Verruimt deze en trekt deze samen? Wordt deze strakker en dan weer losser? En verdwijnt deze soms zelfs helemaal? Het besef van een afzonderlijk zelf kun je zodoende losjes in stand houden, hoewel het ermee doorgaat gepast samen te trekken op momenten dat er een kleine waarheid wordt geactiveerd.

Hoe is je zelfervaring op dit moment? Wat is op dit moment waar? Je hart is de enige gids die je nodig hebt voor het verkennen van zelfs de grootste waarheden.

Er is alleen liefde

Alles wat jij, of een ander, ooit hebt gedaan, is de beweging van liefde geweest. Wat de beweging van liefde modelleert, is het besef van 'ik'. Altijd zorgen we voor onszelf, of dit nu een kleine zelfervaring is of een ruimere zelfervaring. Elke keer als onze zelfervaring vernauwd en klein is, zorgen we voor dat ik. En wanneer deze zelfervaring verruimd is, zorgen we voor dat grotere zelf. Alles wat we ooit hebben gedaan, is proberen op de best denkbare manier voor onszelf te zorgen. Wat altijd een daad van liefde is.

Maar wanneer ons handelen alleen voor een vernauwd ik zorgt, zorgt het vanzelfsprekend niet voor andere dingen en houdt het daar geen rekening mee. Een voorbeeld: we kunnen voor onze smaakpapillen zorgen door lekkere dingen te eten, terwijl we de behoefte van ons lichaam aan voedzame voeding verder negeren. Of: soms vereenzelvigen we ons zo sterk met een gevoel dat daarvoor zorgen nog het enige is wat we kunnen doen, waardoor we misschien niet voor ons totale zijn zorgen. Alleen voor de smaakpapillen of alleen voor de emoties zorgen is nog steeds een liefdevolle daad. Maar omdat het zo'n smalle manier is om van onszelf te houden, kan het andere aspecten van ons zijn of anderen verwaarlozen of zelfs schaden.

Als we in alles liefde zien, zijn we misschien bang dat we het toelaten dat verkrachting, moord en andere afschuwelijke smalle manieren om voor een klein gescheiden ik-besef te zorgen, doorgaan. De ontdekking dat er alleen liefde is, heeft echter als verrassing in petto dat ons handelen vanzelf liefdevoller wordt. Als we moord zien als een kwaad dat uitgeroeid moet worden, zonder echter ook de fundamentele liefdevolle aard ervan in te zien, wordt moorden logisch. Als moorden echt slecht is, is het logisch om iemand te doden die een ander mens heeft vermoord. Of het is zelfs logisch om iemand te doden voordat hij of zij ons doodt. Het is logisch om een land te bombarderen voordat het ons aanvalt. Zien we daarentegen de liefdevolle aard van moord, dan kunnen we erop reageren op een manier die het moorden niet voortzet, zelfs als we actie ondernemen om het te voorkomen.

Het is mogelijk om de liefde die we al in ons hebben en die al werkzaam is via ons allemaal te herkennen. Door het herkennen van die liefde ontsluit zich de mogelijkheid tot een zelfs nog groter herkennen van liefde. Wanneer we daarentegen enig aspect van liefde – die alles wat er gebeurt in zich sluit – ontkennen, vernauwt dat onze ervaring en zijn we minder compleet liefdevol in ons handelen. Oftewel: door te veroordelen gaan we feitelijk zelf meer lijken op wat we veroordelen. Door de schoonheid, volmaaktheid en liefde in iets te zien, wordt het mogelijk dat het transformeert, dat het op een completere manier liefheeft.

Wanneer onze zelfervaring verruimt, is ons handelen daardoor niet echt liefdevoller; het is alleen liefdevoller tegenover een vollediger zicht op onszelf. Wanneer we onze liefdevolle daden verrichten vanuit een grotere zelfervaring, lijken we meer op een heilige, omdat die daden rekening houden met iedereen. Dat laatste is logisch, omdat we immers beseffen dat we iedereen zíjn. Deze daden bevredigen nog steeds onszelf, maar het zelf dat erdoor wordt bevredigd is veelomvattender.

Met een nog vollediger zelfgewaarzijn ga je inzien dat er uiteindelijk niets is wat veranderd of verbeterd of gerepareerd hoeft te worden. Alles is al helemaal perfect. De wereld is al vol liefde. Je handelen en dat van anderen is al liefdevol. Alles wat iets, wat dan ook, hoeft te doen, is voor zichzelf zorgen. Dat is alles wat het ooit doet en ooit heeft gedaan.

Dit leidt tot een appreciatie van alles wat je doet en alles wat er gebeurt, een appreciatie van hoe het zijn zich beweegt elke keer als het zich beweegt. Uit alles stroomt liefde. Voor gebrek aan liefde bestaat geen bewijs. Wat een verrassing om dit te ontdekken in een wereld die zo overladen lijkt met problemen en dingen die veranderd zouden moeten worden.

Ware vrijheid

In deze cultuur waarin meer beter wordt geacht, bestaat vaak de implicatie dat grotere waarheden beter zijn. Als je hart zich kan openen en verruimen, dan lijkt het je misschien het beste om een manier te vinden waardoor je dat verdraaide ding van begin tot eind kunt openen en geopend houden.

Goed, neem zelf de proef op de som: wees heartful terwijl je het idee vasthoudt dat het beter is om je hart te openen en zo te houden. Tot je eigen stomme verbazing stel je nu misschien vast dat dit idee feitelijk vernauwend of beperkend voelt. Het is doodgewoon niet de grootste waarheid of de meest bevrijdende mogelijkheid. Een nog grotere, vrijere mogelijkheid is je zelfervaring zo groot of klein te laten zijn als deze is. Als je hart altijd zorgvuldig is en zich gepast ontsluit of samentrekt om je te laten zien hoe waar het perspectief van moment tot moment is, is het beste resultaat van het ervaren van een kleine waarheid dat je hart samentrekt en je toont hoe klein die waarheid is. Ontdekken dat een kleine waarheid klein is, kan even bevrijdend zijn als ontdekken dat een uitgestrekte dimensie van je zijn zo werkelijk is als werkelijk maar kan zijn. In beide gevallen heb je meer en voller duidelijkheid over de aard van waarheid gekregen.

Zodra je beseft dat je je hart kunt vertrouwen precies zoals het op dit moment is, of het nu ontsloten of gesloten is, kun je eenvoudig rusten binnen de plooiing en ontplooiing van alle perspectieven. Je doet helemaal niets om af te komen van de kleine perspectieven, die slechts voortkomen uit de geconditioneerde delen van je zijn. Maar je doet ook helemaal niets om de grotere perspectieven, die slechts voortkomen uit de ongeconditioneerde delen van je zijn, te activeren. Je rust gewoon in het moment zoals het is.

Nooit is het nodig om een grotere of kleinere ervaring te hebben, omdat je zijn nog altijd doodgewoon je zijn is, zelfs in de kleine ervaringen. De aard ervan is gelijk en die aard sluit de capaciteit in zich om uit te maken hoe waar – hoe volledig – een bepaald perspectief is. Je kleine zijnservaringen zijn nog altijd een expressie van de ultieme aard van je zijn, net zoals een enkele waterdruppel nog steeds nat is.

Spiritueel zoekenden denken vaak dat bevrijding erop neerkomt dat je in een verruimde ervaring van waarheid blijft. Hoewel verruimde ervaringen bevrijdend zijn (vooral wanneer je lange tijd vernauwd bent geweest), is het vermogen om veel verschillende perspectieven in en uit te gaan een zelfs nog grotere vrijheid. Muren zorgen slechts voor problemen wanneer je niet weet waar de deur is en daardoor niet in en uit kunt lopen.

Ware vrijheid vind je wanneer je de vereenzelviging

met een kleine zelfervaring in en uit kunt gaan. Je hoeft me niet op mijn woord te geloven. Ga voor jezelf na wat er in je hart gebeurt als je het ontsluiten en sluiten van je zelfervaring gewoon laat gebeuren zoals het gebeurt. Ontsluit je hart zich daardoor? Laat het je eventjes gewoon zijn?

Wie ben je?

Wat is dit zijn dat je altijd in zekere mate waarneemt? De misschien wel verrassendste ontdekking is dat je zelfervaring je helemaal niets laat zien over je ware aard. Een beperkte zelfervaring gaat nooit over wie je echt bent! Deze vertelt niet wie je bent, maar laat je louter zien hoe waar je conditionering is. Dit inzien kan je wereld op z'n kop zetten. Je zelfervaring wordt gemodelleerd en beperkt door de ontvouwing van geconditioneerde overtuigingen en ideeën; je zelfervaring is geen weerspiegeling van je ware aard.

Dit inzicht kan geweldig opluchten. Al je ervaringen van beperking, onvolledigheid, samentrekking, ontoereikendheid of onwaardigheid hebben niets met jou te maken! Ze zijn in plaats daarvan nauwkeurige weerspiegelingen van de beperkingen, onvolledigheid, kleinheid, ontoereikendheid en onwaardigheid van je ideeën, oordelen, overtuigingen, concepten, angsten, twijfels, zorgen, hoop, dromen en verlangens. Ze hebben niets te maken met je aard.

De intiemste ervaring van jezelf – je hart – is in laatste instantie nooit een vollédige ervaring van je ware zelf. Het is altijd een relatíeve ervaring van het functioneren van dat ware zelf terwijl het de relatíeve mate van waarheid in de inhoud van wat je ervaart bepaalt.

Dat brengt ons terug bij de vraag: wie of wat is het zijn dat je altijd in mindere of meerdere mate waarneemt? Deze vraag refereert aan wat woorden volledig overstijgt – en zelfs de ervaring overstijgt. Zelfs de meest verruimde erváring van je zijn is nog altijd niet vrij van deze modellering of inperking. In dit geval doelt de vraag zelf op een grotere waarheid dan enig antwoord, zelfs een tentatief.

Wat gebeurt er in je hart wanneer je jezelf eenvoudig deze vraag stelt: wie ben ik of wat ben ik? Zelfs met een ontsloten hart zou je je nog steeds kunnen afvragen wie of wat die openheid ervaart. De ultieme waarheid zal nooit gevat worden in een ervaring, omdat deze simpelweg te groot is om in zelfs de meest verruimde ervaring te passen. Dit geeft een hint voor de beantwoording van de vraag wie je bent. De reden waarom een verruimde zelfervaring nooit de vollédige waarheid van je zijn omvat, is dat je alles wat bestaat, ook bént.

Misschien kun je nu de droom om de ultieme waarheid te ervaren laten rusten. De waarheid hangt op geen enkele wijze vast aan je ervaring ervan. De waarheid functioneert altijd prima – en dat al je leven lang – via wat je je zelfervaring noemt, zonder ooit in die ervaring bevat te zijn. Je zelfervaring, ongeacht of die verruimd of vernauwd is, is een functionerende expressie van een veel groter zijn, dat nooit volledig te vatten is in de ervaring.

Maar misschien hoeft de erváring van waarheid niet gevat te worden. Waarheid is iets wat we ook geleidelijk stukje bij beetje kunnen ontvouwen, zoals we een maaltijd of roman langzaam tot ons nemen in plaats van die te verslinden. Altijd, ons leven lang al, zijn we ons gewaar van de waarheid, zelfs wanneer we er slechts een klein deel van ervaren. De rijkdom van ons zijn wordt ons ook onthuld in de kleine waarheden waaruit ons leven is samengesteld.

Ons zijn wordt nooit geschaad door de beperkte perspectieven die we ervaren. Je zijn hangt niet af van om het even welke specifieke manier voor het ervaren van jezelf, zelfs niet van de afwezigheid van een zelfervaring. Je zijn rust al in het eindeloos ontsluiten en sluiten van je hart. Je zou dus net zo goed kunnen genieten van de vlucht.

de waarheid haalt me bij
ik ben niet genoeg
ben het nooit geweest
zal het nooit zijn

wat een opluchting om toe te geven dat deze eindige houder
nooit oneindigheid kan vatten
wat een vreugde om te weten dat oneindigheid
geen bevatten nodig heeft

Deel 3

LIEFDE IS OM TE GEVEN, NIET OM TE ONTVANGEN

Liefde is er om te geven, niet om te ontvangen

Wat is liefde en waar vind je het? We zoeken naar liefde en zijn eropuit liefde te krijgen, en toch lijkt het alsof we er nooit genoeg van krijgen. Zelfs wanneer we liefde vinden, kan deze ons met het verstrijken van de tijd weer ontglippen. Wat als er een bron van liefde is die nooit opdroogt en altijd beschikbaar is? Wat als liefde zo nabij en makkelijk is als onze ademhaling? Wat als je op alle verkeerde plaatsen naar liefde gezocht hebt, in plaats van werkelijk liefde te kort te komen?

Liefde is zowel eenvoudiger als raadselachtiger en subtieler dan we ons voorstellen. Liefde is gewoon de wijde, open aandacht van ons gewaarzijn – de zachtste, aardigste en intiemste kracht ter wereld. Ons gewaarzijn raakt dingen zonder er inbreuk op te maken. Het omvat al onze ervaringen, maar onderdrukt ze niet en houdt ze niet tegen. En toch is er inherent aan ons gewaarzijn een aantrekkingskracht om ons te verbinden en zelfs te versmelten met het object van ons gewaarzijn.

Het is deze schijnbaar tegenstrijdige aard van gewaarzijn – enerzijds de volledig open en toelatende aard ervan en anderzijds de erin besloten hartstochtelijke aantrekkingskracht om in het voorwerp van zijn aandacht op te gaan en het zelfs te worden – die het leven zijn diepte geeft en zo fijn maakt. Niets is bevredigender dan dit heerlijke dilemma dat we zowel gescheiden zijn van als – gelijktijdig – verbonden met iets wat we zien, horen of voelen.

Gewaarzijn is het begin van alle scheiding. Voorafgaand aan gewaarzijn is er slechts één-zijn of zijn. Van het één-zijn is niets gescheiden wat het zou kunnen ervaren. Met de geboorte van gewaarzijn doet het subtiele onderscheiden van twee dingen zijn intrede: dat wat gewaar is en het object van gewaarzijn. En toch worden die twee met elkaar verbonden door deze raadselachtige kracht die we gewaarzijn, of liefde, noemen.

Deze stroom van gewaarzijn en liefde die je verbindt met alles wat je ervaart, is de ware bron van bevrediging en vreugde. Allemaal hebben we het in zekere mate ervaren. Elke keer dat je verliefd werd op een persoon, huisdier, muziekstuk, mooi voorwerp of wat dan ook, voelde je deze stroom van intiem, verbonden gewaarzijn. Helaas is het ons aangeleerd om te geloven dat het voorwerp van onze affectie de bron van dit fantastische gevoel was. En dus leden we elke keer dat we onze schijnbare bron kwijtraakten. Wanneer je geliefde weggaat, je beminde huisdier sterft, het concert afgelopen is of er beslag wordt gelegd op je droomhuis, voel je je beroofd van dat liefdevolle, verbonden gevoel.

Jij bent de bron

Maar wat als jíj de bron bent van het gewaarzijn dat je met alles verbindt? Wat als de liefde waarnaar je op zoek bent geweest altijd al hier is geweest, in je eigen hart? Wat als het niet uitmaakt wat je gewaarzijn aanraakt, maar alleen dát je gewaarzijn stroomt? Dat zou het zoeken naar liefde ontzaglijk vereenvoudigen. Alles en elke ervaring zou een geschikt object voor je liefde zijn.

Wat liefde zo heerlijk maakt, is de stroom van gewaarzijn zelf. De volledig toelatende openheid waarnaar je op zoek zou kunnen zijn in een volmaakte geliefde, is al hier in je eigen gewaarzijn. Het hoeft niet te proberen om accepterend te zijn, omdat gewaarzijn, naar zijn aard, open en toelatend is. Op zichzelf kan gewaarzijn niets anders doen dan aanraken. Het kan niet duwen tegen of trekken aan of iets eisen van of de vrijheid beperken van wat het aanraakt. En toch is het geen gereserveerde, afstandelijke waarnemer. Gewaarzijn is diep en intiem verbonden met zijn object. Gewaarzijn en het voorwerp van gewaarzijn zijn feitelijk afkomstig uit dezelfde bron en zijn in laatste instantie hetzelfde.

Deze aan gewaarzijn intrinsieke verbondenheid en intimiteit zijn bevredigend en vervullend, ongeacht het object van het gewaarzijn. Anders gezegd: wat je op dit moment ook ervaart, het is je ware liefde. Wat je ook ervaart, het is een kans om ook de diepte van je ware aard als open, liefdevol gewaarzijn te ervaren. Je ware aard is ware liefde, de volmaakte geliefde waarnaar je op zoek was, en je ware aard is niet alleen altijd hier, maar ook wat je werkelijk bent.

Misschien denk je nu iets als: 'Hé, wacht eens, ik heb niet het gevoel alsof ik heel de tijd door verliefd of liefdevol ben. Soms voel ik me eenzaam en kwaad en afgesneden van liefde en bevrediging.' Hoe kan het komen dat liefde hier is, maar je deze niet voelt? Is liefde werkelijk afwezig op die momenten, of is deze dan alleen maar beperkt in haar expressie en stromen? Zijn er echt momenten waarop er geen gewaarzijn is? Of is er altijd wel iets van gewaarzijn, al is het dan misschien niet veel? Zonder gewaarzijn zouden er ook geen problemen zijn, omdat met gewaarzijn scheiding (de ervaring van een afgezonderd zelf) inzet en met de beëindiging van gewaarzijn ook de afzondering eindigt. Praktisch gesproken: zonder gewaarzijn kan er geen eenzaamheid, boosheid of wat dan ook zijn. Wanneer je eenzaam of kwaad bent, is er dus minstens enig gewaarzijn, zij het misschien niet veel.

Ook wanneer je gewaarzijn vernauwd en gespannen is, zoals vaak het geval is wanneer je eenzaam, boos, verdrietig, gekwetst of bang bent, blijft de aard ervan gelijk aan wanneer je gelukkig en uitgelaten bent. Ook een enkele druppel water is nog steeds nat, en zelfs een enkele druppel gewaarzijn is nog altijd open en toelatend voor wat het ook aanraakt.

Je kunt de open en toelatende aard van gewaarzijn slechts met één truc ervaren: door ernaar te zoeken in de daadwerkelijke ervaring die je hebt. Wanneer je gewaarzijn samengetrokken is door oordelen of angst, raakt het niet echt het voorwerp van je oordelen of angst. In plaats daarvan raakt het de oordelende of bevreesde gedachte die je hebt. Je gewaarzijn is volledig toelatend en open tegenover die gedachte. Dat is de definitie van gewaarzijn: het is het open en toelatend erkennen van de inhoud van onze ervaring. Als ons gewaarzijn niet openstaat voor iets, zijn we dat iets ook niet gewaar.

De sleutel tot het ervaren van liefde is observeren waar op dit moment je gewaarzijn stroomt. Die stroom van gewaarzijn is liefde en is het meest bevredigende en koesterende wat je kunt ervaren. Dit stromende gewaarzijn heeft van nature een richting. Het beweegt zich van binnenin je zijn naar de voorwerpen vlakbij en de ervaringen die je hebt. Je kunt deze stroom van gewaar zijnde liefde alleen ten volle ervaren terwijl het in die richting beweegt.

Wanneer een ander jou (niet zijn of haar oordelen of verlangens met betrekking tot jou, maar gewoon jou zoals je bent) liefdevol gewaar is, kun je de uiterlijke expressie van zijn of haar liefde ervaren. Je kunt zien hoe de ander naar je kijkt, je ziet de glimlach op zijn of haar gezicht en hoe hij of zij op je reageert. Maar het gewaarzijn van jou komt in de ander op. De liefde stroomt van de ander naar jou en daardoor wordt die ander van bevrediging en vreugde vervuld. Of je zelf ook bevrediging en vreugde ervaart, hangt af van de vraag of je op jouw beurt een stroom van liefde naar de ander ervaart. Het is je eigen open gewaarzijn dat je van dat gevoel van verbondenheid en appreciatie vervult. Je loopt over van liefde wanneer je je liefde aan iemand of iets anders geeft!

Het is vanzelfsprekend makkelijker om je hart te openen en liefde te uiten, indien aan de eisen van je conditionering wordt beantwoord. Wanneer iemand die aan je ideaal over een geliefde beantwoordt, zich tot je aangetrokken voelt en interesse in je toont, is het heel makkelijk om hem of haar dezelfde openheid en aandacht terug te geven. Wanneer twee mensen verliefd worden op elkaar, voelen ze natuurlijkerwijs de volheid en rijkdom van het vrij stromen van gewaarzijn of liefde. Maar het contact dat ieder van hen met die liefde heeft, is met zichzelf. Het is hun eigen liefde en gewaarzijn waardoor ze zo rijk vervuld worden.

Deze waarheid – namelijk dat je niet vervuld van

liefde raakt wanneer iemand jou liefheeft, maar wanneer je zelf liefhebt – kan je bevrijden van het zoeken naar liefde buiten jezelf. Weet je het nog zo net niet of het je eigen liefde is waarvan je vervuld raakt? Denk dan terug aan een keer dat iemand verliefd op je was, terwijl jijzelf niet verliefd was op die ander. De stroom van liefdevolle aandacht richting jou was niet bevredigend. Je zou je er feitelijk zelfs onbehaaglijk bij gevoeld kunnen hebben dat iemand zo in je geïnteresseerd was, terwijl de gevoelens niet wederzijds waren.

Wanneer je andersom zelf verliefd wordt op iemand, kan dat rijk, opwindend en bevleugelend zijn, ook als het niet wederzijds is. In onbeantwoorde liefde schuilt intensiteit en schoonheid in de naar buiten gaande stroom van liefde waardoor je op dat moment vervuld wordt. Ondanks de teleurstelling en de pijn dat de ander niet van je houdt, ervaar je als gevolg van je verliefd zijn op de ander volheid en levendigheid. In de renaissance zag men onbeantwoorde liefde zelfs als een ideaal. Het is de liefde die vanuit je eigen hart stroomt die je van vreugde en bevrediging vervult. De bron huist in jou.

Slechts het ene zijn

Achter alle individuele gewaarzijn is er slechts één gewaarzijn en één zijn. Je kunt dat één-zijn bereiken door de liefde die vanuit je eigen zijn stroomt te ervaren. De plaats waar je met anderen bent verbonden, is paradoxaal genoeg in je eigen hart. Je kunt je niet echt uiterlijk met anderen verbinden. Zelfs als je jezelf met superlijm aan een ander vastlijmde, zou je je in je uiterlijke ervaring nog steeds gescheiden voelen. Om nog maar te zwijgen van hoe moeilijk je weer los zou komen!

Vanbinnen ben je al met alles en iedereen verbonden. De verbinding is de stroom van gewaarzijn die op dit moment deze woorden leest. We vinden in de liefdevolle aard van gewaarzijn het gevoel van verbondenheid, niet in het voorwerp van ons gewaarzijn. Je bent met anderen verbonden in het gewaarzijn dat van binnen in je naar hen stroomt. Verbondenheid vind je niet in de stroom van gewaarzijn en liefde richting jou, omdat die stroom verbonden is met zijn bron in de ander.

Dat is goed nieuws! Het betekent dat je grenzeloze liefde kunt ervaren, ongeacht wat wie dan ook doet. Het enige wat ertoe doet, is hoeveel je liefhebt, niet hoeveel je wordt bemind. Op dit moment kun je tot overstromens toe vervuld zijn van gelukzalige liefde – puur en alleen door gewaarzijn te schenken aan alles en iedereen die in je ervaring aanwezig is. Geloof me niet op mijn woord; test het uit met deze oefening:

Oefening: *Laat je gewaarzijn rusten op een materieel voorwerp vlakbij. Neem even de tijd om het voorwerp met je gewaarzijn volledig aan te raken. Geef, om dit experiment uit te kunnen voeren, aan dat voorwerp zoveel liefde, appreciatie en aanvaarding als je kunt. Richt nu je gewaarzijn op een ander voorwerp. Laat het er kort op rusten en geef het opnieuw zoveel liefde, appreciatie en aanvaarding als je kunt.*

Richt nu je gewaarzijn op een geluid in je omgeving. Geef terwijl je luistert diezelfde liefdevolle appreciatie aan het geluid dat je hoort.

Kost het je moeite om liefde en appreciatie te geven aan een voorwerp of geluid in het bijzonder, probeer het dan met een ander voorwerp of geluid. In het begin zul je het makkelijker vinden om zomaar zonder reden liefde te schenken aan een meer neutraal voorwerp of geluid.

Ga door met je gewaarzijn te richten op allerhande voorwerpen, geluiden, kleuren, smaken, geuren en gewaarwordingen. Laat er elke keer zoveel liefde en appreciatie naartoe stromen als je kunt. Blijf zo lang als je wilt bij elke ervaring en ga gewoon verder als het je moeite kost om liefde voor iets te voelen. Met oefening wordt het vanzelf makkelijker om zomaar lief te hebben.

Let nu op andere dingen die in je zouden kunnen opwellen: een onbehaaglijke gewaarwording, een gedachte, een gevoel of een verlangen. Neem de tijd om daar liefdevolle aandacht heen te sturen. Houd gewoon van elke gewaarwording en gedachte en elk gevoel en verlangen dat in je opkomt.

Als je dit eenmaal enigszins onder de knie hebt, kun je je gewaarzijn simpelweg vanzelf laten stromen naar wat het achtereenvolgens aanraakt, binnenin jezelf dan wel buiten je. Geef liefde en aanvaarding aan waar het ook op valt. Laat dat iets gewoonweg zijn zoals het is.

Hoe is het om keer op keer eenvoudig gewaarzijn en liefde te schenken aan dingen die zich in je ervaring aandienen? Hoe open en vol voelt je hart wanneer je in staat bent om op deze manier liefde te geven? Als je bij iets komt wat je maar moeilijk kunt liefhebben of accepteren, merk dan enkel op dat het moeilijk voor is je en geef liefde aan de omstandigheid dat het nu op dit moment moeilijk is. Je kunt zelfs even de tijd nemen om er eenvoudig van te houden dat je van sommige dingen moeilijker kunt houden dan van andere. Ga daarna verder met het volgende wat zich in je gewaarzijn aanbiedt.

Ga gewoon verder en houd van wat zich ook voor je bevindt. Zo raak je vanzelf vervuld van liefde. Zo eenvoudig is het, zolang je je herinnert dat gewaarzijn en ruimte de essentie van liefde zijn. De ideale geliefde is iemand die je heel veel ruimte geeft om jezelf te zijn, maar zich nog steeds verbindt met jou zoals je bent. Voor gewaarzijn geldt hetzelfde. Het beperkt zijn object niet, maar maakt er contact mee.

Je liefde kan niet opraken

Je kunt dit gewaarzijn of deze liefde vrijuit geven, omdat je gewaarzijn het enige is wat nooit op kan raken. Misschien heb je vandaag al miljoenen dingen opgemerkt, maar er blijft nog altijd gewaarzijn over voor dit moment en het volgende. Gewaarzijn kun je altijd zo geven, en het kost je helemaal niets en kan je evenmin in enigerlei opzicht uitputten of leegmaken. Je hart bevat een eindeloze voorraad liefde. Probeer maar eens zoveel aandacht aan iets te geven dat je totaal geen gewaarzijn meer overhoudt.

We onthouden soms onze liefde en ons gewaarzijn, omdat we menen dat bij ware liefde meer komt kijken dan deze eenvoudige, open aandacht. Onze conditionering suggereert dat liefde vereist dat we compromissen sluiten, ons opofferen, onvoorwaardelijk onze tijd en moeite geven en meer van dergelijke dingen. Misschien zijn sommige van deze dingen noodzakelijk in een relatie, maar niet voor liefde.

Dit is een belangrijk onderscheid, omdat we liefde en relatie dikwijls door elkaar halen. We geloven ten onrechte dat liefde afhankelijk is van een relatie. Maar als we beseffen dat de bron van liefde zich in onszelf bevindt, kunnen we de relatie in perspectief zien. Relaties zijn belangrijk, maar daarmee nog niet zo belangrijk als liefde. De ervaring van dit innerlijk stromen van liefde is bevredigend, of het nu met of zonder een relatie is. Je kunt het ervaren bij een mooi kunstwerk in een museum, een ontroerend muziekstuk, een enerverend moment tijdens een sportevenement of in een diepe verbondenheid met een ander. Liefde is wat relaties en al het overige de moeite waard maakt.

Wat een rijke mogelijkheid – dat alle liefde die je ooit gewenst hebt op dit moment beschikbaar is. Simpelweg door je liefde te geven aan alles wat je tegenkomt, zowel in jezelf als in je omgeving. Liefde is er om te geven, niet om te ontvangen. En hoe meer je geeft, hoe meer liefde je hart vult, tot overstromens toe.

Liefhebben met de zintuigen

We worden gevuld met liefde wanneer we deze weggegeven, niet wanneer we deze van anderen ontvangen. Die waarheid kan je diepgaand bevrijden van het zoeken naar liefde, omdat alles je liefde waard is. Vooral wanneer je beseft dat liefde eenvoudig gewaarzijn en ruimte is, kun je haar vrijuit geven aan alles wat in je ervaring verschijnt. Zo word je tot overstromens toe gevuld met de heerlijke open aanwezigheid van liefde.

We kunnen deze volheid van liefde ook ervaren met onze lichamelijke zintuigen. Voor het grootste deel gebruiken we onze zintuigen om dingen in ons op te nemen: we kijken naar iets om iets te krijgen, zoals informatie. We kunnen in onze portemonnee kijken om te zien hoeveel geld we nog overhebben. Of we kijken in de koelkast om te zien wat er te eten valt. We luisteren naar de radio voor entertainment of om het nieuws te vernemen. We voelen in onze zak om te kijken of onze autosleutel erin zit.

We kunnen ook proberen om met onze zintuigen iets meer dan alleen informatie te krijgen: we kijken waakzaam rond, in de hoop dat we ons veilig kunnen voelen. We staren lang naar een foto van iemand in een poging om vervuld te raken van liefde of bevredigd te worden door de schoonheid van die persoon. We luisteren naar muziek om hopelijk vervuld te raken van opwinding of vreugde. In zekere zin hebben we geleerd consumenten te zijn met onze zintuigen. We proberen schoonheid, plezier, opwinding, passie, geluk, zekerheid, waarde en zelfs liefde te verwerven door deze met onze zintuigen in ons op te nemen. Maar net zoals liefde vanbuiten ons nooit totaal vervult of volledig bevredigt, zo is niets wat we met onze zintuigen consumeren uiteindelijk bevredigend.

Helaas bevredigen de ervaringen die we met onze zintuigen in ons opnemen ons wel een beetje. Naar een mooie vrouw of man kijken schenkt ons iets van plezier, opwinding en de ervaring van schoonheid. Dergelijk plezier en dergelijke opwinding zijn echter erg vluchtig en nooit genoeg. Feitelijk is dit een onvermijdelijk deel van de aard van het leven en ons zijn. De waarheid van ons zijn is pure leegte of ruimte. Wanneer we een ervaring in ons opnemen, stroomt deze daardoor de leegte van ons zijn in en wordt, tijdens het proces, door die leegte opgelost. Het naar binnen stromen van ervaring is een stroom van vorm naar leegte. Alles wat we met onze zintuigen en gewaarzijn consumeren, keert terug naar zijn oorspronkelijke aard als vormloze aanwezigheid.

Om deze reden is de bevrediging die we aan uiterlijke ervaringen ontlenen nooit genoeg. Onszelf proberen te vullen met schoonheid, passie, geluk en liefde van buiten is als een lekke emmer proberen te vullen. Je kunt tot sint-jutmis met de tuinslang water in de emmer gieten, maar de emmer zal nooit vol komen. Ongeacht hoeveel ervaringen van passie, schoonheid en vreugde je consumeert, de innerlijke leegte van je zijn blijft nog steeds totaal leeg. En ongeacht hoeveel liefde of aandacht je van anderen ontvangt, het is nooit genoeg om het gat in je hart te vullen. Je kunt nooit genoeg krijgen van wat niet bevredigt.

Door dit mechanisme kunnen onze pogingen om ons goed te voelen door uiterlijke ervaringen te verteren of te consumeren, leiden tot een dwangmatige of verslaafde gehechtheid aan uiterlijke ervaringen, plezier, schoonheid of romantiek. Een basisprincipe in de psychologie is dat af en toe een beloning meer effect heeft dan voortdurend belonen. Het beetje opwinding of bevrediging dat we proeven bij het zien van iemand die mooi is, bij chocola eten of naar Fiji reizen, kan zodoende tot een lichte, of zelfs zware, verslaving aan de uiterlijke ervaring leiden. Mensen kunnen aan zo'n beetje alles verslaafd raken, met inbegrip van het scannen van de menigte op een mooi gezicht of het plannen van manieren om maximaal lol of plezier te beleven. Dit kan ook leiden tot vermijding van of een overmatige reactie op dingen die we niet willen ervaren: we kunnen verkrampen of ons terugtrekken wanneer we de rimpels in het gezicht van onze geliefde zien, of we eten misschien niet wat werkelijk gezond is als we dat niet willen proeven.

Gelukkig bestaat er een eenvoudige oplossing. We kunnen ten volle de vrede, vreugde, liefde en schoonheid in onszelf ervaren in de buitenwaartse stroom van de positieve kwaliteiten van ons zijn, liefde inbegrepen. Wanneer er vreugde, vrede of opwinding van binnen in ons naar buiten stroomt, beweegt deze van leegte naar vorm. De innerlijke leegte van ons zijn is de bron van alles, met inbegrip van vreugde, passie, vrede, kracht, compassie, steun en liefde. We worden dus zelf gevuld met de ervaring van deze kwaliteiten door de naar buiten gaande stroom van gewaarzijn en liefde. In deze beweging van leegte naar vorm nemen deze kwaliteiten vorm aan. Met de buitenwaartse stroom van ons gewaarzijn giet de leegte zich in de specifieke vormen van liefde, vrede, vreugde en al het overige. Verrassend genoeg raakt de innerlijke bron van leegte nooit op. In hun ware bron kunnen we altijd meer vreugde en liefde vinden.

Door onze gewoonte om te proberen dingen te consumeren met onze zintuigen, in plaats van deze volheid van zijn te voelen, voelen we ons vaak leeg, hongerig en incompleet. En dus bekijken, beluisteren en voelen we iets anders wat ons kan bevredigen. We kunnen dwangmatig uitkijken naar een betere geliefde, een betere auto of een betere baan, zelfs wanneer de geliefde, auto of baan die we hebben, eigenlijk fantastisch is. In hoe we naar de wereld kijken of luisteren, kunnen we de gewoonte ontwikkelen om altijd uit te kijken naar iets wat we met onze zintuigen in ons op kunnen nemen en wat ons zal bevredigen. Vanzelfsprekend ervaren veel mensen dit met betrekking tot eten. We willen vreugde en voldoening ervaren door iets te proeven, en toch kunnen we nooit genoeg eten. Zo willen we ook vreugde en voldoening ervaren door iets moois te zien of te horen, maar we kunnen nooit genoeg zien of horen om bevredigd te zijn. Audiofielen zijn eeuwig op zoek naar een beter klinkende set speakers.

Er is een andere manier: we kunnen via onze zintuigen liefde géven. In plaats van te proberen met onze ogen iets opwindends of bevredigends te zien of op te nemen, kunnen we via onze ogen alles wat binnen ons gezichtsveld is overstelpen met een stroom liefde. Dit gaat even makkelijk als onze focus verschuiven naar de buitenwaartse stroom van gewaarzijn, als tegengesteld aan de binnenwaartse stroom van gewaarworden.

Oefening: *Neem even de tijd om naar iets in je omgeving te kijken. Begin met iets neutraals of iets wat je mooi vindt om te zien. Observeer hoe je je innerlijk verbindt met de ervaring van je kijken. Ben je eropuit iets te ontvangen van je kijken? Evalueer je op de een of andere manier waarnaar je kijkt? Is het goed genoeg? Is het op dit moment bevredigend genoeg om eenvoudig naar dit voorwerp te kijken?*

Laat nu je gewaarzijn voller via je ogen naar het voorwerp stromen. Probeer niet het voorwerp met je ogen in je op te nemen – overstelp het in plaats daarvan met volle liefdevolle aandacht via je ogen. Houd er even van, zomaar zonder reden, met je ogen. Liefde is ultieme aanvaarding en aandacht. Overstelp het voorwerp dus met heel veel aandacht en aanvaarding. Kijk of je kunt voelen of er uit je ogen liefde naar het voorwerp stroomt. Geef met je gezichtsvermogen liefde aan het voorwerp in plaats van er iets van te ontvangen.

Hoe is het om je liefde naar buiten te voelen stromen langs je ogen? Maak je er niet druk over of je dit goed doet of het wel genoeg voelt. Observeer slechts hoe het je ervaring verschuift en in welke mate dat gebeurt. Of stel je eenvoudig voor dat er via je gezichtszintuig liefde naar het voorwerp stroomt.

Kies nu een ander voorwerp uit. Laat opnieuw langs je ogen liefdevol gewaarzijn naar het object stromen. Laat zoveel liefde als je kunt opbrengen in je kijken naar het voorwerp stromen. Verplaats je gewaarzijn nu van voorwerp naar voorwerp en overstelp elk object telkens met liefde. Als je de slag te pakken hebt, kun je het ook proberen met voorwerpen die je niet aanstaan of waarvan je zelf een sterke afkeer hebt. Je kunt het ook al proberen met personen en huisdieren. Merk op dat je op deze manier naar sommige dingen makkelijker kunt kijken dan naar andere, maar geef toch aan alles telkens zoveel liefde als je kunt.

Je kunt hetzelfde experiment herhalen met je andere zintuigen. Hoe zou het zijn om dingen met liefde te overstelpen via je gehoor? Met je tastzintuig? Met je smaakpapillen? Wat als het belangrijkste niet is hoe lekker je eten smaakt, maar hoeveel je ervan houdt met je mond? We zijn begonnen met ons gezichtsvermogen, omdat dit zintuig de grootste kwaliteit van afzondering of afstand bezit. Gehoor, tast en smaak zijn van nature intiemere zintuigen, terwijl we in kijken meer afzondering ervaren. Dat gevoel van afzondering kun je echter in een gevoel van verbondenheid doen omslaan door langs je ogen liefde aan dingen te geven. Hier heb je een soortgelijke oefening voor je tastzin.

Oefening: *Raak iets aan met je handen. Begin met iets neutraals of iets wat je prettig vindt om aan te raken, zoals een zacht kussen of dekbed. Observeer hoe je je innerlijk verbindt met de ervaring van aanraken. Ben je eropuit iets van de gewaarwordingen in je handen te ontvangen? Is het bevredigend genoeg om het voorwerp alleen maar aan te raken? Merk de inherente intimiteit in het aanraken van iets op. Er bestaat geen afstand tussen jou en wat je aanraakt. Bestaat er op dit moment, terwijl je het aanraakt, echt afzondering?*

Laat nu je gewaarzijn nog voller naar buiten stromen, langs je handen naar het object. Probeer niet in je op te nemen hoe het voorwerp aanvoelt – overstelp het in plaats daarvan met volle liefdevolle aandacht via je handen. Houd er zomaar zonder reden even van met je tast. Liefde is ultieme aanvaarding en aandacht. Overstelp het voorwerp dus met hopen aandacht en aanvaarding. Kijk of je kunt voelen of er uit je handen liefde naar het voorwerp stroomt. Geef met je handen liefde aan het voorwerp in plaats van er iets van te ontvangen.

Hoe is het om je liefde naar buiten te voelen stromen langs je handen? Maak je er niet druk over of je dit goed doet of het wel genoeg voelt. Observeer slechts hoe het je ervaring verschuift en ook in welke mate dat gebeurt. Of stel je gewoon voor dat er via je tastzin liefde naar het voorwerp stroomt.

Raak nu een ander voorwerp aan. Laat opnieuw langs je handen liefdevol gewaarzijn naar het object stromen. Laat zoveel liefde als je kunt in je aanraken van het voorwerp stromen. Verplaats je handen nu van voorwerp naar voorwerp en overstelp elk object telkens met liefde. Als je de slag te pakken hebt, kun je het ook proberen met voorwerpen die je niet aanstaan of waarvan je zelfs een sterke afkeer hebt. Je kunt het ook al proberen met personen en huisdieren. Merk op dat je op deze manier sommige dingen makkelijker kunt aanraken dan andere, maar geef toch aan alles telkens zoveel liefde als je kunt.

Betrek er nu de innerlijke gewaarwordingen in je eigen lichaam bij. Je raakt op een zeer intieme manier alles in je aan. Met je kinesthetische tastzin ben je in staat om de gewrichten, spieren en zelfs de organen in je lichaam te voelen. Observeer wat er gebeurt als je aan je armen en benen liefdevolle aandacht geeft op dezelfde manier als je met de stoffelijke objecten om je heen hebt gedaan. Voel vol alle gewaarwordingen die in je lichaam opkomen en zend er direct liefde en gewaarzijn heen.

Herhaal de bovenstaande oefening, maar dit keer met je gehoor. Verken hoe het is om van dingen te houden met je oren. Probeer het daarna met je reuk- en smaakzin de eerstvolgende keer dat je iets eet. Omdat deze andere zintuigen intiemer zijn dan het gezichtsvermogen, ontdek je vermoedelijk dat het enorm bevredigend en rijk is om op deze directere en intiemere manieren liefde te geven. Je kunt ook al je stoffelijke zintuigen combineren en van de totaliteit van je zintuiglijke ervaring op dit moment houden:

Oefening: *Neem even de tijd om van iets te houden met een van je zintuigen. Observeer of je eropuit bent om iets van de gewaarwording te ontvangen. Laat je gewaarzijn nu voller naar buiten stromen, via je zintuiglijke waarneming naar het voorwerp. Overstelp het object met volle liefdevolle aandacht.*

Houd er gewoon van.

Richt je nu op een andere gewaarwording. Laat liefde en aanvaarding stromen naar iets wat je ziet, hoort, ruikt, proeft of betast. Houd daarna van weer een volgende gewaarwording enzovoort. Vergeet niet ditzelfde precies zo te doen met de gewaardingen in je eigen lichaam, met wat er ook in je binnenste gebeurt en met wat je ook van je eigen lichaam kunt ervaren via kijken, luisteren en aanraken.

Hoe is het om je liefde naar buiten te voelen stromen langs al je zintuigen? Maak je er niet druk over of je dit goed doet en of het wel genoeg voelt. Observeer slechts hoe het je ervaring verschuift in welke mate dat ook gebeurt. Of stel je eenvoudig voor dat er via al je zintuigen liefde naar je ervaringen op dit moment stroomt.

Laat nu je gewaarzijn en ruimtelijkheid naar al je zintuiglijke ervaringen tegelijkertijd stromen. Overstelp elke gewaarwording die je ervaart en merk op dat je gelijktijdig van al je gewaarwordingen kunt houden. De bron van je gewaarzijn is oneindig en je gewaarzijn en je liefde kunnen onmogelijk opraken – waarom zou je dus niet zoveel gewaarzijn en liefde geven als je kunt aan alles wat hier nu is? Maak je er niet druk over of je alles omvat of niet. Laat gewoon je gewaarzijn naar buiten stromen in zoveel richtingen en naar zoveel gewaarwordingen als je kunt. Hoe is het om gewoon van de totaliteit van je gewaarwordingen te houden?

Liefhebben voorbij de zintuigen

Je kunt subtielere gewaarwordingen omvatten als je deze ervaart, maar het is geen noodzakelijke voorwaarde voor het ervaren van de volheid van liefde om subtiele energieën en dimensies te kunnen ervaren. Ook gedachten, emoties en verlangens zijn een subtieler niveau van ervaren dan lichamelijke gewaarwordingen.

Oefening: *Neem even de tijd om van iets te houden met een van je zintuigen. Laat je gewaarzijn nu voller naar buiten stromen, via je zintuiglijke waarneming naar het voorwerp. Overstelp het object met totale liefdevolle aandacht. Richt je nu op een andere gewaarwording. Laat liefde en aanvaarding stromen naar iets wat je ziet, hoort, ruikt, proeft of betast. Houd daarna van weer een volgende gewaarwording enzovoort. Laat nu je gewaarzijn en ruimtelijkheid naar al je zintuiglijke ervaringen tegelijkertijd stromen. Overstelp elke gewaarwording die je ervaart en merk op dat je gelijktijdig van al je gewaarwordingen kunt houden.*

Richt je nu op gedachten of emoties die bij je opkomen en laat ook daar dezelfde liefdevolle aandacht naartoe stromen. Komt er een sterk verlangen of sterke wens op, dan neem je deze op in het totale stromen van je open gewaarzijn. En als je een energie of aanwezigheid in de kamer waarneemt, houd er dan eveneens gewoon en zonder reden van. Maak je er niet druk over als je niets waarneemt voorbij het stoffelijke, want dat doet er totaal niet toe. Houd eenvoudig van wat je op dit moment ervaart. Het is bevredigend om van alles te houden, dus waarom zou je ook maar iets in het hier en nu dit overvloedige stromen van waarnemen en gewaarzijn onthouden? Hoe is het om alles in je liefdevolle stroom van gewaarzijn te omvatten?

Je kunt zelfs houden van alles wat je op dit moment niet ervaart. Je kunt liefhebben langs je lichamelijke zintuigen, via puur gewaarzijn en door het bestaan zelf gewaar te zijn. Zo kun je van het totale universum en daarbuiten houden. Het is rijk om te houden van wat zich hier in je directe ervaring bevindt, en je kunt ook gelijktijdig houden van wat buiten je directe zintuiglijke ervaring ligt. Stuur gewoon liefde naar alles, ook al kun je iets niet zien of voelen. Hoe is het om gewoon steeds meer liefde te geven?

Er is nog een plaats waar je liefde heen kunt sturen: naar alle tijden.

Oefening: *Houd van al wat je verder op dit moment ervaart. Omvat alles in je liefdevolle stroom van gewaarzijn: alles wat je kunt zien, horen, aanraken en voelen en alles wat je niet zintuiglijk kunt waarnemen. Laat liefde stromen naar de oneindige uithoeken van de ruimte over heel het universum en daarbuiten.*

Je kunt ook via het huidige moment in de tijd liefde sturen naar elk ander moment in de tijd. Begin met te houden van de heerlijke directe ervaring die je op dit moment hebt en stuur daarna liefde naar elke herinnering of gedachte over de toekomst die in de directheid van dit huidige moment bij je opkomt. Stuur nu ook liefde naar het verleden en de toekomst, naar het oneindige spectrum van intens directe 'nu's' die zich ooit hebben voorgedaan en die zich ooit nog zullen voordoen. Maak je er niet druk over of je het goed doet. Stuur gewoon liefde en laat de liefde haar eigen weg zoeken naar verleden en toekomst. Observeer in jezelf hoe het is om van de totale stroom van de tijd te houden. Omvat zoveel eeuwigheid als je maar kunt.

Observeer hoe je ervaring van het huidige moment is wanneer je vanuit dit moment oneindige liefde en aanvaarding laat stromen naar elk ander moment in de tijd. Beperkt het houden van alle momenten van je leven en daar voorbij je ervaring op dit moment? Of laat het houden van alle tijden je de kostbare uniciteit van dit ogenblik zelfs nog voller ervaren en liefhebben? Paradoxaal genoeg kan het houden van alle tijden ons zelfs nog intiemer in contact brengen met het huidige moment.

Je hoeft niet iets uit te kiezen om van te houden. Alles voldoet, van een droge mond tot het betasten van de vacht van je hond, van het geluid van de wind tot het mysterie van denken, van de oneindigheid van de ruimte tot zelfs een direct mystiek waarnemen van iets wat je normale zintuigen te boven gaat, zoals de oneindige uitgestrektheid van de tijd zelf.

Het is heerlijk om van liefde en vreugde vervuld te worden door wat in onze ervaring verschijnt gewoon te overstelpen met gewaarzijn en liefde. Maar daar blijft het niet bij: het bevrijdt ons van het moeten zoeken naar of krijgen van de juiste ervaringen of het moeten vermijden van de verkeerde. Denk je eens in: als je al tot overstromens toe gevuld kunt worden met heerlijke liefde door op deze manier naar een plastic prullenmand te kijken, wat voor geweldige afspraakjes ga je dan wel niet op zaterdagavond beleven! Uiteraard hoef je niet meteen te trouwen met de eerste gegadigde die je via je ogen met liefde overstelpt, maar wie weet ontdek je dat de lichamelijke verschijning niet zo belangrijk voor liefde en romantiek is als je dacht. En zo zou het er voor jou ook niet zoveel toe hoeven doen welk liedje er wordt gedraaid op de radio, wat er voor het avondeten wordt opgediend, of je een verruimde of vernauwde ervaring hebt, of je lijdt of niet of wat er verder ook gebeurt. Als alles een potentieel object is voor deze oneindige stroom van liefde, dan kun je gewoon ontspannen en houden van wat je verder nog te wachten staat of wat er verder nog op dit moment gebeurt.

Liefde openbaart innerlijke schoonheid

Je zult een zelfs nog verrassendere ontdekking doen: wanneer je iets met liefde overstelpt, openbaart dat object zijn innerlijke schoonheid. Net zoals ultraviolet licht de fluorescentie in een poster uit de jaren zestig onthult, kan de liefde in je gewaarzijn de in alles aanwezige schoonheid, pracht en intrinsieke waarde en volmaaktheid openbaren. Het nastreven van een feilloos leven vol schitterende kunstwerken, mooie geliefden, heerlijk eten en exclusieve plezierige ervaringen is niet het geheim tot het ervaren van meer volmaaktheid in de wereld. Dat geheim luidt: overstelp elk object, iedere persoon en elke ervaring net zo lang met je volle innerlijke liefde totdat de innerlijke schoonheid van alles en iedereen in volle glorie straalt. Je kunt dit doen in een luxe villa en op de vuilstort. Je kunt het doen met een knappe filmster en met de knorrige oude man verderop in de straat.

En je kunt dit doen met je eigen lichaam en persoonlijkheid. Deze liefde die door je zintuigen stroomt, is feitelijk wat je bent. Het lichaam en de persoonlijkheid die je als jezelf ervaart, zijn werkelijk alleen maar weer andere objecten om lief te hebben. Alle reacties, gedachten, verlangens en innerlijke gewaarwordingen die in je opkomen, zijn gewoon meer dingen om van te houden.

Ze zijn net zo mooi als wat dan ook.

Ook de grotere dimensies van je zijn bergen intense en kolossale schoonheid, volmaaktheid en wonderlijkheid in zich. Lege ruimte openbaart een schitterende textuur, volheid en zachtheid, een zachtheid die zachter is dan zacht wanneer je er vol en onvoorwaardelijk van houdt. De tijd wordt een oneindige speelplaats van perspectief en schepping wanneer je er met heel je hart van houdt. Presentie en alle kwaliteiten van je zijn, liefde, vrede, vreugde, helderheid en kracht inbegrepen, zijn de heerlijkste ervaringen die je je kunt voorstellen wanneer je er eenvoudig van houdt met al je zintuigen en met je gewaarzijn zelf.

Geloof niets hiervan op mijn woord. Ervaar zelf wat er gebeurt wanneer je zomaar liefhebt, vooral als je daarin alles en iedereen omvat. Liefde is er om te geven en te geven en dan nog wat meer te geven.

Voorbij de ervaring van liefde

Voorbij de mogelijkheid om in je hart steeds meer liefde te ervaren, wacht de nog rijkere ontdekking dat liefde is wat je bent en wat je altijd bent geweest. Deze open stroom van gewaarzijn is waaruit je bestaat. Hij is je ware aard. Wanneer je meer liefde ervaart, ervaar je meer van je ware zelf.

Het inzicht dat liefde je essentie, je aard is, maakt een ultiem gevoel van volheid mogelijk. En het mooie is dat zelfs het ervaren van liefde er geen voorwaarde voor is. Als liefde is wat je bent, maakt het niet uit of je op dit moment wel of geen liefde ervaart. Als je even je schouders niet voelt, ben je ze dan kwijt? Nee, ze maken nog steeds deel van je uit en zijn er altijd, of je ze nu wel of niet opmerkt. Hiermee is niet gezegd dat het niet uitmaakt of je het volledige potentieel voor liefde in jezelf ervaart. Heb je echter eenmaal de waarachtig oneindige aard van liefde die je bent, ontdekt en bij herhaling ervaren, dan maakt het niet uit of je dat op dit moment wel of niet ervaart, omdat je weet dat het oneindige potentieel nog steeds is wie je bent en wie je altijd zult zijn.

Het is rijk om de oneindige capaciteit van je hart tot liefhebben te ontdekken en te verkennen en dan nog meer van alles te houden. Aan de andere kant kun je hier ook eenvoudig rusten als liefde op zichzelf. Liefde in rust is nog altijd liefde. Wanneer liefde rust als het pure potentieel tot liefhebben, is dat gewoon een andere dimensie van haar aanvaardende en toelatende aard.

Liefde is niet zomaar een deel van je. Liefde is de aard, of essentie, van elk deel van je. De capaciteit voor open, ruimtelijk gewaarzijn is altijd hier, ook als je er slechts een piepkleine portie van gebruikt. Alle oefeningen en suggesties in dit boek zijn feitelijk beschrijvingen van wat altijd waar is geweest. Ongeacht hoeveel of hoe weinig liefde er stroomt op dit moment, liefde is nog altijd hier. Liefde is wie je bent en wie je altijd bent geweest.

Je leven lang is elk moment een ervaring geweest van het stromen van gewaarzijn en liefde naar iets. Ook wanneer er geen liefde wordt ervaren, is er niet minder liefde; er stroomt alleen minder van naar buiten. De bron is er nog altijd in volle glorie. Liefde is er niet alleen om te geven – ze is wat je bent.

ik kan denken liefde te voelen
maar het is liefde die mij voelt
en constant de geweven vezels test
die mijn hart omsluiten en beschermen
met een verschroeiende vlam
die geen illusie van afzondering toestaat

en terwijl het onstoffelijk weefsel van mijn innerlijk fort
afgepeld wordt door het persistente vuur
probeer ik wanhopig een aantal verkoolde resten te redden
door in een weer volgende droom van passie te vluchten
ik kan denken liefde te kunnen vinden
maar het is liefde die mij vindt

ondertussen wacht liefde geduldig
met haar onsterfelijke sintels zacht gloeiend
en zelfs al ik me nu omdraai en naar de bron van warmte grijp
blijf ik koud en met lege handen
ik kan denken liefde te kunnen bezitten
maar het is liefde die mij bezit

en uiteindelijk ben ik verteerd
omdat liefde opgelaaid is tot een overdonderende vlammenzee
die alles neemt
en niets in ruil teruggeeft
ik kan denken dat liefde me vernietigt
maar het is liefde die me bevrijdt

Over de schrijver

Na een leven lang spiritueel op zoek geweest te zijn, leerde Nirmala zijn lerares Neelam, een volgelinge van H.W.L. Poonja (Papaji), kennen. Zij overtuigde hem ervan dat zoeken niet nodig was. En na in 1998 in India een diepe spirituele ontwaking te hebben ervaren, begon hij met de zegen van Neelam *satsang* te bieden. Deze traditie van spirituele wijsheid is met name verbreid door Ramana Maharshi, een vereerde Indiase heilige, die de leraar van Papaji was. Nirmala's perspectief werd ook enorm verruimd door zijn vriend en leraar Adyashanti.

Nirmala is tevens de auteur van *Nothing personal: seeing beyond the illusion of a separate self* en *Gifts with no giver*, een boek met non-duale poëzie, en van nog veel meer teksten. De laatste zijn gratis te downloaden op zijn website: www.endless-satsang.com. Naast het geven van *satsang* in de Verenigde Staten en Canada is Nirmala beschikbaar voor Nondual Spiritual Mentoring-sessies, in persoon of over de telefoon. Je kunt voor een sessie contact met hem opnemen op nirmalanow@aol.com. Nirmala woont met zijn vrouw Gina Lake in Sedona, Arizona. Meer informatie over haar en haar boeken vind je op www.radicalhappiness.com.

Ook verkrijgbaar:

ISBN 978 90 453 1049 7
www.inspiread.nl

Ook verkrijgbaar:

ISBN 978 90 453 1217 0
www.inspiread.nl